行事の製作

ぜんぶ おまかせ！

はじめに

私たちの暮らしの中で受け継がれている
行事の一つひとつには、由来や意味があります。
人々が昔から大切にしてきた行事の由来や意味を知ることで、
子どもたちの「作りたい」という気持ちにつなげ、
製作を通して日本の伝統文化に親しみをもってほしいと思います。

巡りゆく季節の中で、その時々の趣を感じながら、
子どもたちも保育者も自分なりに
楽しく表現できる製作をねらいにこの本を作りました。
多忙に追われる日常の中でも、子どもたちの「やってみたい！ できた！」
の思いを大切に行事の製作に取り組んでいただけたら幸いです。
きっと、そこには、子どもたちの成長を感じられることと思います。

内本久美・大島典子・
花岡千晶

※由来・意味は諸説あります。

contents

園　行　事 …… 102

卒園・お別れ会 152

難易度(⭐)

星マークは製作物の難易度を示しています。

⭐ は2歳児〜、　　⭐⭐ は3歳児〜、

⭐⭐⭐ は4歳児〜、　⭐⭐⭐⭐ は5歳児〜を

目安にしています。
作品掲載ページでは LV. ⭐⭐⭐⭐ で示しています。

作り方通りに作るのではなく、子どもたちが興味のある
素材や発達に合わせて自由に作りましょう。

作り方の
表記

➔ は貼る、✏ はペンやパスで描く、

✂— は切るライン、表記のない素材は色画用紙を示しています。

年 中 行 事

大 きなこいのぼりや五月人形を飾るなど、年々、家庭や地域で行事を身近に感じる機会が減ってきているように思います。今では、園で行事にふれていくことが園の役割となっていることでしょう。日本の伝統や季節の行事を、子どもたちに楽しみながら伝えていくということを大切にしてほしいと思います。

環境・援助のヒント

製作活動も"子ども主体"!

行事の製作を作るからといって、みんなが同じように作る必要はありません。行事を伝え、楽しみながら製作や遊びにつなげ、子ども主体の保育をできるような援助や環境を整えましょう。

"地域ならでは"を大切に

食に関することやお祭り、またその地域で大切にしている行事など、地域で伝承されているものをぜひ園で取り入れてほしいと思います。地域の人とのコミュニティを広げるきっかけになりますね。

年中行事 目次

こどもの日ってどんな日!?

5月5日は端午の節句と呼ばれます。5月初めの「午(うし)の日」という意味です。厄払いの意味を込めて、ちまきを食べたり菖蒲の強い香りで邪気を払ったりする行事が行なわれていました。そののち、菖蒲が勝負や尚武に通じることから男の子を祝う日となりました。現在では『こどもの日』として国民の祝日に定められています。

菖蒲湯につかるのはなぜ?

花菖蒲　葉菖蒲

束ねて湯船に浮かべ、そのお湯につかると菖蒲の強い香りが邪気を払うといわれています。また柔らかくなった葉を頭に巻き付けるとかしこくなるそうですよ。花菖蒲と葉菖蒲があり、湯船に入れるのは葉菖蒲です。

なぜこいのぼりを飾るの?

滝を登り、竜になったといわれる鯉は"出世"の象徴です。江戸時代になるとその勢いのある鯉を家々に飾って男の子の成長を祝いました。浮世絵などにもあるように江戸時代には真鯉(黒)だけでしたが、明治になると緋鯉(赤)が、昭和になると子鯉(青など)が下に並ぶようになりました。

兜を飾ろう!

菖蒲の花の形が兜に似ていることや、尚武(武道を重んじること)に通じることから、男の子の成長を願い、勇ましい武者人形、鎧、兜、弓矢、刀などを飾るようになりました。

柏餅を食べるのはなぜ?

柏の葉は、枯れても新しい葉が出るまで、落ちないといわれています。親が子を思う気持ちに通じることから、家系が末永く絶えないという縁起をかつぎ、こどもの日に食べられるようになりました。

こいのぼり

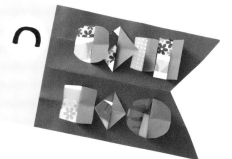

いろいろ折り ウロコ
LV. ★★★★

細長い色画用紙を輪にして貼ったり、階段折りにしたりすると様々なウロコになります。

切り立て飾りの こいのぼり
LV. ★★★★

ウロコの穴から見える柄色紙の模様や穴の形がおもしろい！

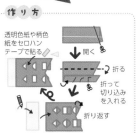

作り方

透明色紙や柄色紙をセロハンテープで貼る

開く

折る

折って切り込みを入れる

折り返す

ビリビリ こいのぼり
LV. ★☆☆☆

切り込みを引っ張って破くと、別の色やキレイな模様が出てくるのを楽しめます。

作り方

四隅をホッチキスで留める

色画用紙、フラワーペーパー、英字新聞などを4枚重ねる

周囲をマスキングテープで留める

破く（子ども）

丸シール

切り込みに丸シールを半分に折って貼り合わせる

ぐるぐるウロコ
LV. ★★★★

ぐるぐる切りに挑戦！のりを外側のみに付けて貼り、中央を浮かせると動きが出ます。

> 紙を回すと切りやすいね！

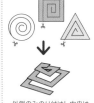

作り方

外側のみのり付けし中央は少し浮かせて土台に貼る

> ぐるぐるになったよ！

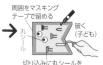

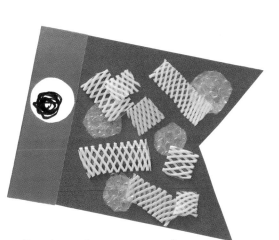

プチプチこいのぼり

LV. ★☆☆☆☆

長めの両面テープを4本ほど貼っておき、小さめに切ったプチプチシートや果物ネットを貼ります。

感触を楽しんで

様々な素材の感触を存分に楽しむところから！子どもの経験や年齢に応じて、保育者が素材を準備しておきましょう。

おかずカップこいのぼり

LV. ★★☆☆☆

様々な色や模様のおかずカップでこいのぼりを華やかに！

作り方

おかずカップを両面テープでこいのぼりの土台に貼り、丸シールで飾る。

いっぱいはったよ～！

切り込みウロコのこいのぼり

LV. ★★★★☆

たくさんの切り込みを入れた色画用紙やレースペーパーをマスキングテープで貼ります。

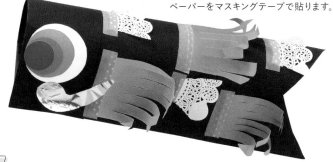

土台のバリエーション例

絞り型

絞りやすいように和紙か障子紙を使用

のり／丸めた厚紙／内側に入れて貼る／モール

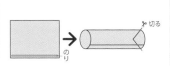

筒形

のり／切る

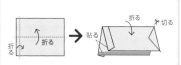

平面型

折る／折る／貼る／切る

スタンピングウロコ

LV. ★★★★★

ビー玉転がしウロコ

LV. ★★★★☆

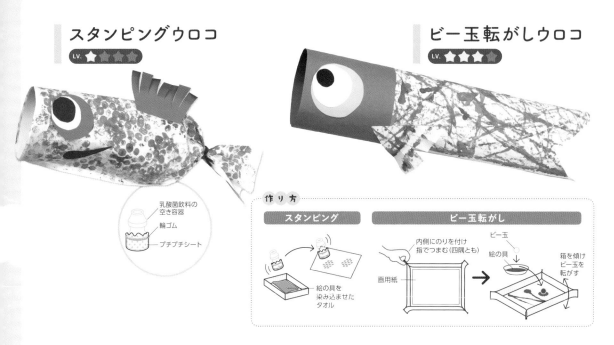

乳酸菌飲料の
空き容器
輪ゴム
プチプチシート

作り方

スタンピング	ビー玉転がし

スタンピング
絵の具を
染み込ませた
タオル

ビー玉転がし
内側にのりを付け
指でつまむ(四隅とも)
画用紙
ビー玉
絵の具
箱を傾け
ビー玉を
転がす

ドリッピング
ウロコ

LV. ★★☆☆☆

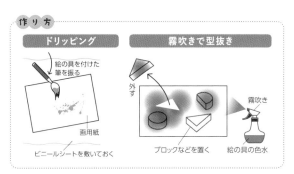

\技法のポイント/
初めての技法

初めて経験する技法は丁
寧にやり方を伝えましょ
う。子どもたちの発達な
どを見ながら技法を取り
入れましょう。

作り方

ドリッピング	霧吹きで型抜き

ドリッピング
絵の具を付けた
筆を振る
画用紙
ビニールシートを敷いておく

霧吹きで型抜き
外す
ブロックなどを置く
霧吹き
絵の具の色水

霧吹きで
型抜き

LV. ★★★★☆

好きな型を置いて、霧吹き
で色を吹き付ければ楽しい
形のウロコが完成!

キラキラ透明 こいのぼり

LV. ★☆☆☆

透明のラッピング袋にオーロラシートや
カラーセロハンなどを詰めてこいのぼりに!
丸めて詰めるときの感触も楽しい♪

おかずカップの
ウロコを
付けて飾ろう

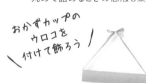

にじみ絵 こいのぼり

LV. ★★★★

ゆっくりと色がにじんで広がる、
色の変化を楽しめます。

作り方

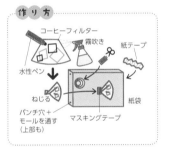

コーヒーフィルター
霧吹き
紙テープ
水性ペン
ねじる
紙袋
パンチ穴＋
モールを通す
（上部も）
マスキングテープ

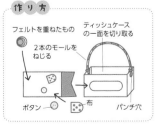

ペタペタこいのぼりバッグ

LV. ★★★☆

ウロコ形に切った布やボタンを飾ったおしゃれなこいのぼり。
ティッシュケースに貼って、すてきなバッグのできあがり♪

作り方

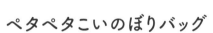

フェルトを重ねたもの
ティッシュケース
の一面を切り取る
2本のモールを
ねじる
ボタン
布
パンチ穴

ゆらゆら こいのぼり

LV. ★★★☆

半分に折った紙皿に、ちぎった色紙のウロコを貼って、ゆ〜らゆら♪

\撮助のポイント/

のりを付ける量

のりを付けるときは、付け過ぎないように「ダンゴムシさんぐらいね」など、身近な物に量を例えて伝えましょう。

作り方

紙皿：中面

❖紙皿の内側に円柱形の画用紙を貼って固定（保育者）。

空を泳ぐ こいのぼり飾り

LV. ★★★☆

切り込みを入れて折り返した部分に白い雲を貼って、こいのぼりを乗せよう♪　スイスイと空を泳いでいるみたい!

\撮助のポイント/

スズランテープの通し方

スズランテープは、紙皿の裏側から通します。半分に折った先をねじって細くすると通しやすくなります。紙皿が破れないように"ゆっくりと丁寧に"を伝えましょう!

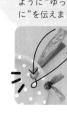

作り方

折る
モール
紙皿
パンチ穴
カッターナイフ（保育者）
丸シール（⅓）
丸シール
スズランテープ

作り方

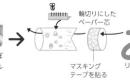

ペーパー芯をこいのぼり形に切り、丸シールを貼って模様を描く。

輪切りにしたペーパー芯

マスキングテープを貼る

リボンを通す

端をテープ芯に結び付ける

こいのぼりスライダー

LV. ★★★☆

3匹のこいのぼりが右へ行ったり、左へ行ったり。作って遊べるこいのぼりです。

棒・矢車付き LV. ★★★☆☆

■ 吹き流し

カールさせたり階段折りしたり
すると、動きが出ます。

作り方

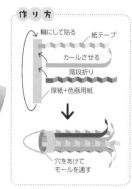

輪にして貼る　紙テープ
カールさせる
階段折り
厚紙＋色画用紙
↓
穴をあけて
モールを通す

天球と矢車と吹き流し

　一番上の丸い玉が天球を意味しており、
神様に場所を知らせるためのものです。矢
車は、武将の使う弓矢を表しています。そ
して吹き流しには、魔除けの意味があり、
家紋を入れることもあります。

■ 棒・矢車

クルクル巻いた広告紙の棒に、
色画用紙に切り込みを入れて
作った矢車を貼ります。

作り方

※を重ねる

丸シール

広告紙を巻いた棒

こいのぼりを付けて
セット完了！

矢車いろいろ

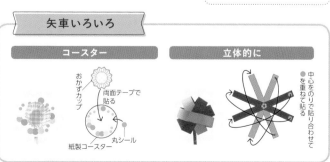

コースター

おかずカップ
両面テープで
貼る
紙製コースター
丸シール

立体的に

中心をのりで貼り合わせて
●を重ねて貼る

共同製作をしよう

\環境のポイント!/

異年齢児との関わり

大きなこいのぼり作りは異年齢児の交流の場になります。小さなウロコを作り、好きなところに貼ってもいいですね。年長児の作品を見て、憧れの気持ちにつなげます。

染め紙こいのぼり

LV. ★★★☆

たんぽで色を付けた胴体に染め紙のウロコを貼り付けて。ウロコに付けた色紙や染め紙の色などでカラフルに！

作り方

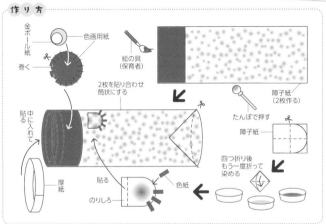

金ボール紙
色画用紙
巻く
2枚を貼り合わせ筒状にする
中に入れて貼る
厚紙
貼る
のりしろ
色紙
絵の具（保育者）
障子紙（2枚作る）
たんぽで押す
障子紙
四つ折り後もう一度折って染める

ウロコは…

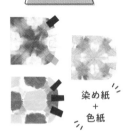

染め紙
＋
色紙

※共同製作の大きなこいのぼりの土台は保育者が作成します。

16

ミニこいのぼり付き
共同こいのぼり

LV. ★★★☆

ミニこいのぼりの透け感がかわいいこいのぼりです。大きいこいのぼりにのって、みんな楽しそうですね。

段ボール
スタンプ
こいのぼり

LV. ★★★☆

障子紙で作った大きなこいのぼりに、いろいろな形の段ボールスタンプを用意して、みんなで一緒に模様を付けてみましょう。

ちっちゃいこいのぼりできたよ♪

作り方

❶透明カップの蓋に油性ペンで自由に模様を描く。

❷丸シールにペンで目を描いて貼り、おかずカップの尾びれをセロハンテープで貼る。

胴体
厚紙 / 底部を切り取ったポリ袋 / 内側に入れてポリ袋を折り返し貼る / 透明テープでつなぐ / セロハンテープで貼る

目
発泡トレイ / ホイルを巻いた紙皿 / 丸めたホイルをセロハンで包んだ物 / 両面テープで貼る

ひげ
ホイルで形を作る / 透明テープで貼る

作り方

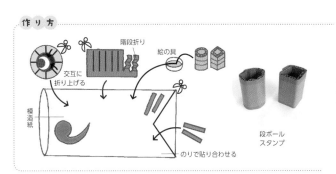

交互に折り上げる / 階段折り / 絵の具 / 模造紙 / のりで貼り合わせる / 段ボールスタンプ

17

かぶと

立体かぶと

LV. ★★★☆

円すい形を作って上部を折るだけ！　立物を付けたり
柄色紙で飾ったりして立派なかぶとに！

作り方

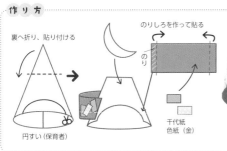

裏へ折り、貼り付ける

のりしろを作って貼る

のり

円すい（保育者）

千代紙
色紙（金）

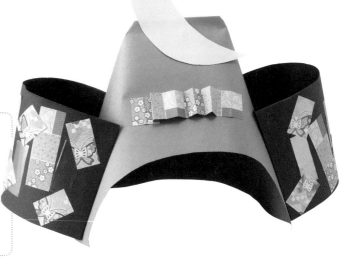

かっこいい
でしょ！

かぶとの折り方

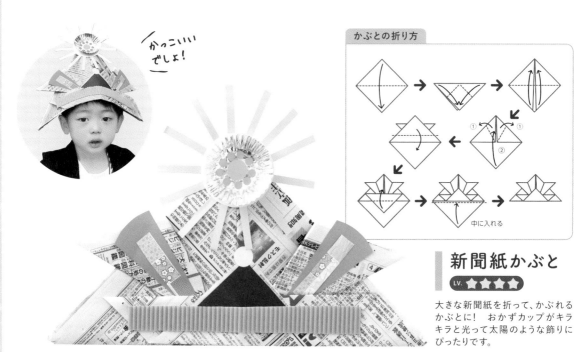

①　①

②

中に入れる

新聞紙かぶと

LV. ★★★★★

大きな新聞紙を折って、かぶれる
かぶとに！　おかずカップがキラ
キラ光って太陽のような飾りに
ぴったりです。

こどもの日の掛け軸

LV. ★★★☆☆

油性ペンで描いたこいのぼりやかぶとに薄めに溶いた絵の具や水性ペンで色付けしましょう。長い色画用紙に貼ってラップ芯に巻き付けると掛け軸風に!

かぶとの
ボックス飾り

LV. ★★★★★

お菓子箱の中にかぶとや柏餅、ちまき、菖蒲などこどもの日にまつわる物を自由に作って飾りましょう。

かぶとの土台は四角柱にすることで、すこし立体的な印象になりますよ。

※かぶとの折り方はP.18の「新聞紙かぶと」を参考にし、角を折ったり飾り付けたりしましょう。

七夕ってどんな日!?

その昔、日本の農村には秋の豊作を願い、巫女が神様の衣を織り、棚に供える神事がありました。このときに使用する織り機を棚機（たなばた）といいます。この神事と中国から伝わった裁縫や芸事が上達するように、織り姫に願い事をする「七夕（しちせき）の節句」という行事が合わさり、「七夕（たなばた）」になったといわれています。

織り姫と彦星の伝説とは?

中国から伝わったお話です。天を支配する天帝の娘「織り姫」は布を織るのが上手でしたが、牛飼いの彦星と結婚してからは、2人で遊んでばかりいました。怒った天帝は、川の両側に2人を引き離します。しかし深く悲しむ様子を見て、年に一度、7月7日だけ天の川にカササギの橋を架けて2人が会うことを許しました。

【織女星と牽牛星】

「夏の大三角形」と呼ばれる3つの星のうち、織女星（こと座のベガ）と牽牛星（わし座のアルタイル）は、天の川を挟んで見えます。この牽牛星の和名が彦星です。ちなみにもう一つの星は、はくちょう座のデネブで、夏の夜空に三角に並んで輝いています。

笹飾りの由来

五色(ごしき)の短冊って何色？

七夕の歌に出てくる五色とは、青(緑)・黄・赤・白・黒(紫)の5色のことで、中国の「五行思想」に由来します。青は木、赤は火、黄は土、白は金、黒は水を表すそうです。全てのものはこの5つの元素からできていると考えられていました。ちなみに、こいのぼりの吹き流しも本来はこの五色です。

〜それぞれの飾りに込められた意味〜

【短冊】

書や学問の上達を願って、里芋の葉にたまった朝露で墨をすり、梶の葉っぱに書いたのが始まりです。今では、紙の短冊にいろいろな願い事を書きますね。

【網】

魚を捕る網が由来で、海の幸の豊漁を願って作ります。また、魚を引き寄せて捕ることから福を集めるといった意味もあるようです。

【吹き流し】

手先や裁縫の上達を願って、織り姫に供えた機織りの糸を表しています。本来は、短冊と同じ五色の糸が使われていました。

【ちょうちん】

明かりを意味するちょうちんは、暗い夜でも、神様が短冊に書かれた願い事を読めるようにと飾ります。また、魔除けの意味もあります。

【つなぎ飾り】

手先や裁縫の上達を願って作ります。輪、四角、三角などいろいろなつなぎ飾りがあります。人のつながりを表すともいわれています。

【竹や笹】

力強く真っすぐにすくすくと育つことから、邪気を払うといわれています。竹には神様が宿るといわれ、昔から神事に用いられてきました。同じ竹の仲間ですが、成長すると皮がむけて落ちるのが竹で、落ちないのが笹と区別されています。

織り姫・彦星

しずく形の 織り姫・彦星

LV. ★★★★☆

長さの異なる3本の紙テープでしずく形を作り、それらを重ねることで立体感が出ます。

千代紙の 織り姫・彦星

LV. ★★☆☆☆

千代紙を一回切りしてペタッ！ 笹の葉の上に貼ってゆらゆらゆらり♪

作り方

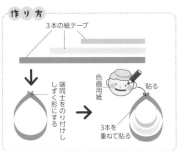

3本の紙テープ

端同士をのり付けししずく形にする

色画用紙

貼る

3本を重ねて貼る

作り方

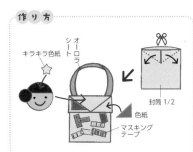

キラキラ色紙

オーロラシート

色紙

マスキングテープ

封筒 1/2

封筒の 織り姫・彦星

LV. ★★★☆☆

マスキングテープで着物に飾り付けをします。いろいろな柄を使うと、ぐっと華やかに！

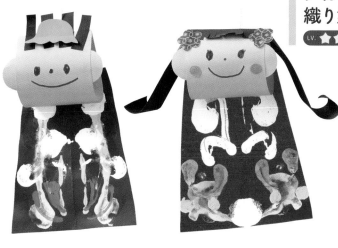

デカルコマニーの織り姫・彦星

LV. ★★★★

デカルコマニーで偶然できる模様にワクワク♪おもしろい模様の着物になりますね!

\製作のポイント/

デカルコマニー

デカルコマニーで模様を付けた色画用紙が反り返らないように、新聞紙に数回軽く押し当て、余分な絵の具を取っておきましょう。

作り方

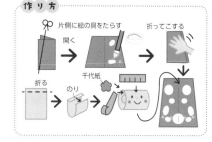

片側に絵の具をたらす　開く　折ってこする
折る　のり　千代紙

\にじんでいくのがたのしい!/

\製作のポイント/

絵の具のにじみ

にじみ絵の方法は幾つかあります。水につけた和紙に、ゆっくりと絵の具をたらすと、じわーっと色が広がっていく様子を子どもたちと楽しみましょう。

作り方

❶ 水を付けた筆でコーヒーフィルターをぬらす。

❷ 絵の具を付けた筆を置くようにして色を付ける。

❸ 乾かしてから、色画用紙で作った顔をコーヒーフィルターに貼ったらできあがり!

にじみ絵の織り姫・彦星

LV. ★★★☆

初めにコーヒーフィルターを水でぬらすのがポイント。絵の具がじんわりと広がっていきます。

なかよし織り姫・彦星

LV. ★★★★☆

紙コップを切り開くと、ぴったりと寄り添う織り姫と彦星に!
ペンで描いたオリジナルの着物が目を引きますね。

作り方

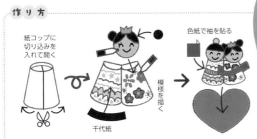

紙コップに
切り込みを
入れて開く

色紙で袖を貼る

模様を描く

千代紙

指ぼかしの織り姫・彦星

LV. ★★★★☆

パスで描いた模様を指で放射線状に広げると、色が
薄く広がり花のような模様になります。

作り方

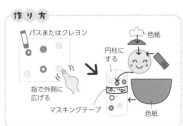

パスまたはクレヨン

色紙

円柱に
する

指で外側に
広げる

マスキングテープ

色紙

＼技法のポイント／

パスの指ぼかし

パスでしっかりと塗り、
指でぼかすときは左手で
しっかりと押さえること
を伝えましょう。

指で外側へ広げるようにこ
すり出します

巾着型着物の織り姫・彦星

LV. ★★★★★

にじみ絵をした障子紙を包んでひねります。
ぽってりとした形がかわいい!

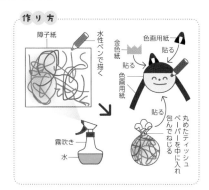

作り方

障子紙

水性ペンで描く

金色紙

色画用紙　貼る

色画用紙

貼る

貼る

丸めたティッシュペーパーを中に入れ包んでねじる

霧吹き

水

笹に掛ける 織り姫・彦星

LV. ★★★☆☆

色画用紙の立体的な笹に、透明素材を使った
羽衣や着物の織り姫と彦星を飾りましょう。

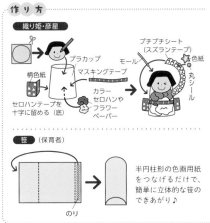

作り方

織り姫・彦星

柄色紙

プラカップ

マスキングテープ

プチプチシート
(スズランテープ)

モール

色紙

丸シール

カラー
セロハンや
フラワー
ペーパー

セロハンテープを
十字に留める(底)

笹 (保育者)

半円柱形の色画用紙
をつなげるだけで、
簡単に立体的な笹の
できあがり♪

のり

壁面にフックを
貼って
掛けよう

笹と一緒に

笹舟飾り

LV. ★★★☆

色画用紙に切り込みを入れて笹舟に！ 描いた絵を乗せて楽しみましょう。

作り方

切り込みを入れ、重ねてのりで貼る

和紙ひもをパンチ穴に通し、結ぶ

パンチ穴

折る

笹リース

LV. ★★★★

笹をイメージした、飾りやすいリースです。

作り方

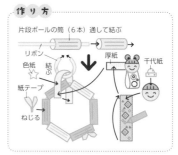

片段ボールの筒（6本）通して結ぶ

リボン
色紙
結ぶ
厚紙
千代紙
紙テープ
ねじる

＼製作のポイント／

リース状にするには

筒状にした片段ボールにリボンを通して強く結ぶと、リースの形になり、安定した土台ができあがります。

模造紙で作るマイ笹

LV. ★★★★★

飾りも笹も全て手作り！ 自分だけの笹にいろいろな飾りを付けてみましょう。

作り方

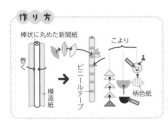

棒状に丸めた新聞紙
巻く
模造紙
こより
ビニールテープ
柄色紙

つなぎ飾り

スイカの つなぎ飾り

LV. ★★★★★

カラフルな丸い色画用紙とともにスイカをつなげます。他の野菜で作ってもいいですね。

星の三角 つなぎ

LV. ★★★★★

星形を貼った三角つなぎに紙テープを付けると、流れ星みたいに！

両面色紙の 四角つなぎ

LV. ★★★★★

切り込みを入れて折るだけで、裏側の色が見えて一気にカラフルになります。

おかずカップつなぎ

LV. ★★★★★

様々な色や柄のおかずカップをつないでカラフルに。並べ方や、貼り方に個性が出ます。

作り方

おかずカップをビニールテープでつなぐように貼る。

スイカやナス

夏の食べ物で知られるスイカやナスは、よく七夕飾りに出てきますが、豊作を願う意味が込められています。

作り方

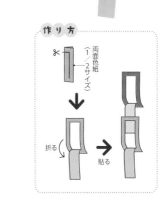

両面色紙（1〜2サイズ）

折る

貼る

しずくつなぎ

LV. ★★★☆☆

しずく形でボリューム感の
あるつなぎ飾りです。散り
ばめられた星が七夕らしさ
を演出します。

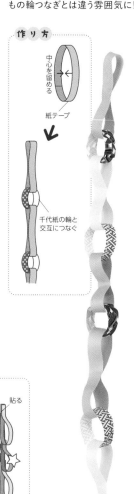

ひょうたん
つなぎ

LV. ★★★☆☆

紙テープの輪の中心を貼って、
ひょうたんの形にすれば、いつ
もの輪つなぎとは違う雰囲気に!

作り方

中心を留める

紙テープ

千代紙の輪と
交互につなぐ

ぐるぐる星飾り

LV. ★★★★☆

らせんに切った紙を大きな星に
貼ると、流れ星のよう。みんなの
願いはかなうかな…?

作り方

ペンで描く

色画用紙

画用紙

魚のくるりん
つなぎ

LV. ★★★★★

細長い色画用紙の先をカール
させることで、魚が気持ち良く
泳いでいるかのようです。

作り方

色画用紙

折る

色画用紙

ペンで描く

カールさせる

貼る

作り方

色画用紙   色画用紙   貼る

貼る

大小作る

くるくる貝飾り

LV. ★★☆☆☆

両面色紙で作った貝飾り2本を、輪につり下げます。風でくるくると回りキレイですね。

貝の輪飾り

LV. ★★★★★

貝をつなぐのではなく、色画用紙に通して輪にするのがポイント!

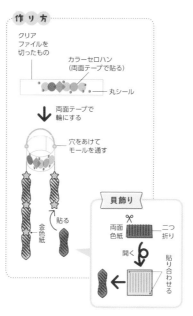

作り方

クリアファイルを切ったもの

カラーセロハン（両面テープで貼る）

丸シール

↓ 両面テープで輪にする

穴をあけてモールを通す

金色紙

貼る

貝飾り

両面色紙

二つ折り

開く

貼り合わせる

かいがいっぱいだよ!

作り方

❶貝飾りを作る。

❷細長く切った色画用紙に通し、貝飾りをのりで固定する。

❸色画用紙で作った魚を貼ったらできあがり!

29

短冊

スタンピング
短冊

LV. ★★★★★

乳酸菌飲料の空き容器などでスタンピング♪　おしゃれな水玉模様ができます。

パタパタ
うちわ短冊

LV. ★★★★★

持ち手のアイスのスプーンがアクセントに！　簡単に自分だけのうちわを作ることができます。

スイカ
短冊

LV. ★★★★★

半分に折ってスイカを作るので、やや立体的に。食べたいスイカをイメージしながら、種を描いてみましょう。

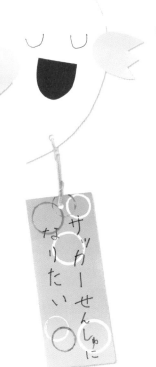

作り方

丸い色画用紙を
重ねて貼り半分に折る

↓

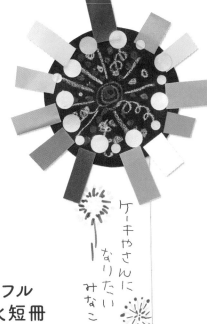

カラフル
花火短冊

LV. ★★★★★

黒の色画用紙に明るいパスで描くことで、模様が映えます。金・銀の丸シールや色画用紙で花火らしさアップ！

30

風鈴短冊
LV. ★★☆☆☆

プラカップを使って風鈴のような形に！ 染め紙がひらひらとなびいて美しい短冊です。

作り方

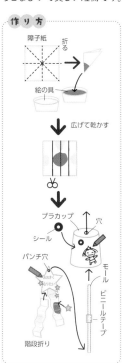

障子紙 / 折る
絵の具
広げて乾かす
プラカップ / 穴
シール
パンチ穴
モール / ビニールテープ
階段折り

くるくる短冊
LV. ★★★★☆

球体の中の願い事が風に吹かれると回ります。星をたくさん散りばめよう！

作り方

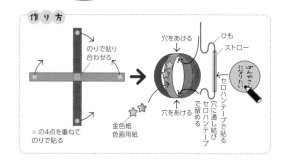

のりで貼り合わせる
穴をあける
ひも / ストロー
セロハンテープで貼る
穴に通し結びセロハンテープで留める
穴をあける
金色紙 色画用紙
● の4点を重ねてのりで貼る

かき氷短冊
LV. ★☆☆☆☆

絵の具がティッシュペーパーに染み込んでおいしそうなかき氷になります。

作り方

丸めたティッシュペーパー（1/4）
のり
薄く溶いた絵の具で塗る

31

網・縫い飾り

魚の網飾り

LV. ★★★★☆

オーロラ色紙で作った網飾りは、キラキラして
魚が水中で気持ち良く泳いでいるみたい！

飾りいっぱい
天の川

LV. ★★★★☆

こよりをストローに通して結
び、マスキングテープで縫い
飾りを付けましょう。飾りを
いっぱい付けるとかわいい
ですね。

天の川の
縫い飾り

LV. ★★★★★

半分に折って左右交互に切り込み
を入れるだけなので簡単！　飾り
を付けたり、モチーフを付けたりし
て華やかに。

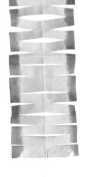

作り方

こより
シール
（両面に貼る）
穴をあけて
こよりを通す
シール
丸シール
セロハン
テープで貼る

網飾りの作り方

折る → 折る → 切る → 開く

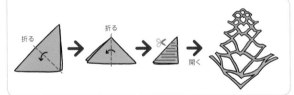

32

縫い飾りの作り方

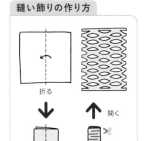

折る

折る

開く

染め紙天の川

LV. ★★★★★

縫い飾りに星や絵をつり下げると、
きれいな天の川に♪

作り方

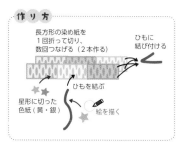

長方形の染め紙を
1回折って切り、
数回つなげる（2本作る）

ひもに
結び付ける

ひもを結ぶ

星形に切った
色紙（黄・銀）

絵を描く

みんなで飾る
大きな天の川

LV. ★★★☆☆

子どもの作品を紙テープに飾り、ポリ袋で作っ
た大きな天の川（縫い飾り）につるしていきます。
保育室の天井に飾ってみましょう。

作り方

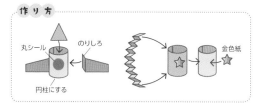

丸シール

のりしろ

金色紙

円柱にする

ちょうちん・吹き流し

光る
ちょうちん飾り
LV. ★★★★★

ペーパ芯に巻いたカラーセロハンがキラキラと光ってきれいです。素材の色などを自由に選べるように用意できるといいですね。

はじき絵ちょうちん
LV. ★★★★★

パスと絵の具ではじき絵をした画用紙を階段折りにすることで、立体感のあるちょうちんになります。

傘袋の
ちょうちん
LV. ★★★★★

傘袋にスズランテープやカラーセロハンなどの透明感のある素材を詰めて、できあがり♪

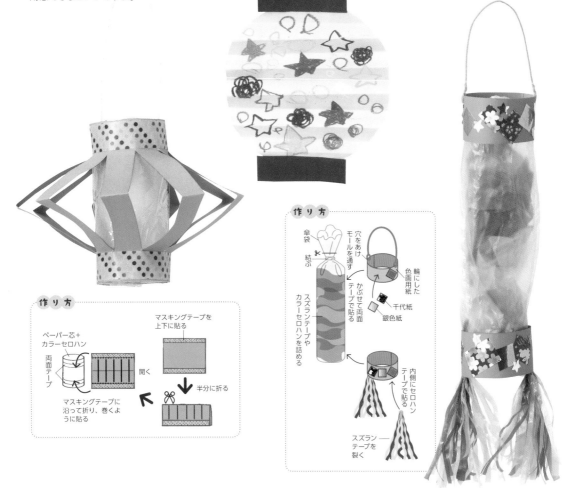

作り方

ペーパー芯＋
カラーセロハン

両面テープ

マスキングテープに
沿って折り、巻くよ
うに貼る

開く

マスキングテープを
上下に貼る

半分に折る

作り方

傘袋

穴をあけ
モールを
通す

結ぶ

輪にした
色画用紙

かぶせて両面
テープで貼る

千代紙

銀色紙

スズランテープや
カラーセロハンを
詰める

内側にセロハン
テープで貼る

スズラン
テープを
裂く

切り替えの吹き流し

LV. ★★★☆☆

色画用紙を切って片段ボールと合わせて輪にし、飾り付けると簡単にかわいくなります。

作り方

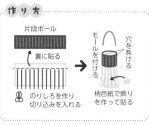

片段ボール
裏に貼る
のりしろを作り
切り込みを入れる

モールを付ける
穴をあける
柄色紙で飾りを作って貼る

クリアファイルのロケット飾り

LV. ★★★★☆

カラークリアファイルの透明感が透けてきれいです。階段折りをしたキラキラテープに躍動感がありますね。

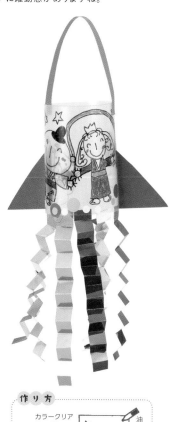

ひまわりの吹き流し

LV. ★★★☆☆

花びらのように切って広げた紙コップにスズランテープを付けると、かわいい花の吹き流しに!

作り方

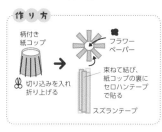

柄付き紙コップ
切り込みを入れ折り上げる

フラワーペーパー
束ねて結び、紙コップの裏にセロハンテープで貼る
スズランテープ

作り方

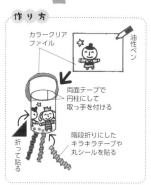

カラークリアファイル
油性ペン

両面テープで円柱にして取っ手を付ける

折って貼る

階段折りにしたキラキラテープや丸シールを貼る

35

十五夜って何!?

中秋の名月や芋名月とも呼ばれ、9月10日（旧暦8月15日）頃の満月のことをいいます。最も真円に近い月で、別名を望月（もちづき）ともいいます。一年で一番、月が美しく見えることから、お月さまに団子や秋の花、魔除けのススキ、その年とれた里芋などを供えて、観月を楽しむようになりました。

なぜ**ススキ**を飾るの？

秋の七草であるススキには月の神様のよりしろとして病気や悪いものを遠ざける力があると信じられていました。

そこで、お月様に家族の無事を願ってお供えされるようになりました。別名を尾花（おばな）といいます。動物の尾に似ているという意味です。

各国での**月の見え方**の違い

月の模様を日本では餅をつくウサギだといわれますが、アメリカでは女性の横顔、北ヨーロッパでは本を読むおばあさん、南ヨーロッパではカニに見えるととらえているのだそうです。あなたは何に見えますか？

餅つきするウサギ
日本

本を読むおばあさん
北ヨーロッパ

髪の長い女性
アメリカ

カニ
南ヨーロッパ

お月見団子の意味は何？

その年、収穫したお米に感謝をして団子を作り、お月様のように丸くまるめて供えたといわれています。十五夜にちなんだ15個になるように、9個・4個・1個と三段に積み重ねて供えるところもあります。

関東では丸いプレーンなお団子が一般的ですが、関西ではお餅にあんを巻き付けた里芋形のお月見団子が伝統のスタイルと、地域によって違いがあるようです。

お月見

お月見掛け軸

LV. ★★☆☆☆

月見団子と一緒に月見の様子の絵を描いて掛け軸のように掛けて飾りましょう。

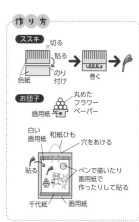

作り方

ススキ
色紙／のり付け／貼る／切る／巻く

お団子
画用紙／丸めたフラワーペーパー

白い画用紙／和紙ひも／穴をあける／貼る／ペンで描いたり画用紙で作ったりして貼る／千代紙／画用紙

まんまる
お月見つり飾り

LV. ★★★★☆

夜空をイメージできるように濃い色の色画用紙を使い、月やウサギなどを自由に飾りましょう。

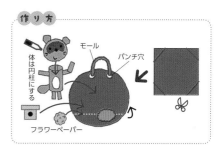

作り方

モール／パンチ穴／体は円柱にする／フラワーペーパー

37

まんまるお月さまとウサギ

LV. ★★★★☆

透明感のあるクリアファイルの半円のお月さまにペーパー芯（1/2サイズ）で作ったウサギと飾りを付けましょう。

月とウサギの伝説

　インドの古い神話で、食べ物がなくて困っている人のために火の中に飛び込み、自ら、糧となったというウサギの話があります。そのウサギを立派に思った仏様が、月にその影を映し、みんながいつでも見られるようにしたそうです。

作り方

お月さま

丸シール（金・銀）

カラークリアファイル

のりしろ　折り筋　のりしろ

のりしろ部分を両面テープで貼る

お月見団子

LV. ★★☆☆☆

三方と団子はセットになった、作って遊べる立体的なお月見団子です。団子はキッチンペーパーを丸く包んでマスキングテープで巻くとできあがり!

あとひとつ!
のるかな?

作り方

三方

切り込みを入れ箱状にする ✂

➡ のりしろ部分を貼り付ける

四角柱を作って切り込みを入れる ➡ 柄色紙で飾りを作って貼る

作り方

団子

画用紙 ✂

キツネ

フラワーペーパー
フラワーペーパー
角をまとめてねじる

タヌキ

フラワーペーパー
角をまとめてねじる

びっくりお月見

LV. ★★☆☆☆

円柱を使って作る動物たちや、お月見団子がかわいい、元気いっぱいの壁面です。

ウサギ

紙コップウサギ

LV. ★★★★☆

1個の紙コップを切って作ることができます。ポーズも自由に作りましょう。

作り方

紙コップに切り込みを入れ、折り上げる → 耳以外切り取る フラワーペーパー 色画用紙 → 柄色紙を巻くように貼る → ねじった紙テープ

ぷっくりウサギ

LV. ★★☆☆☆

色画用紙を円柱形にした、立体的なウサギです。手を前で組んだり、ポーズをつけたりすると、かわいいですね♪

作り方

色画用紙の片側を円柱にして顔を描く → 手足などのパーツを作る 手を貼り合わせる

ウサギ＆タヌキのパペット

LV. ★★☆☆☆

封筒の形を生かしたパペット！ 角を折って手
や顔を付けるとできあがり。

ぼく、
ポンタって
いうんだ！

大きな
ポケットが
付いているね

┃関わりのポイント┃

ふれあいや
導入として

パペットに手を通して、友
達とのふれあいを楽しみま
しょう。保育者の十五夜の
お話をする導入として作っ
てもいいですね。

ハロウィンってどんな日!?

秋の収穫を祝い、"ありがとう"と感謝する海外のお祭りです。日本でいえば、「大晦日」「秋祭り」「お盆」が一度にくるようなものだったのです。昔々、季節の移ろいを大切にするアイルランドの先住民「ケルト人（古代アイルランド人）」が行なっていた、秋の収穫祭「サウェン」がハロウィンの起源といわれています。

現在では宗教的な意味合いは薄れ、カボチャをくり抜いてランタンを作って飾ったり、子どもたちが魔女やおばけに仮装して、近所の家にお菓子をもらいに行ったりする風習があります。またこの日には、死後の世界との扉が開き、先祖の霊が戻ってくるとも信じられていました。

ジャック・オー・ランタン

オレンジ色のカボチャを、おばけのような目・鼻・口にくり抜き、内側に火の付いたろうそくを立てるもの。怖い顔にくり抜いて部屋の窓辺などに飾ると魔除けの役割を果たし、悪魔を怖がらせて追い払えるそうです。

> なぜ飾るようになったの？

昔、ジャックという酒好きの男性がいました。あるハロウィンの夜、道を歩いていると悪魔と遭遇。悪魔が彼の魂を刈り取ろうとしたとき、ジャックは悪魔を騙し、隙を見て十字架で押さえつけ、コインや木に閉じ込めました！ 悪魔は困り果て『ジャックの魂を取らない』と約束し、解放されたのでした。

寿命を迎えたジャックは、生前の行ないが悪く天国には行けず、仕方なく地獄へと向かうときに悪魔が現れ、「お前の魂は取らないと約束している。だからお前は地獄には連れて行けない」と言います。ジャックの魂はどこへも行けず困り果て、「灯りがほしい」と悪魔に懇願。悪魔はしかたなく、地獄の炎の小さな火種を渡し、灯りを絶やさないように、道端に落ちていた萎びたカブ※をくり抜きました。ジャックは火種をその中に収め、ランタンとしたのです。

※ケルト人がアメリカに渡った際、カブより手に入りやすいカボチャを使用するようになったそうです。

身に着けてみよう！

魔法使いの
コスチューム
LV. ★☆☆☆☆

ペタペタ
マント
作り方はP.45

ぷっくり
カボチャバッグ
作り方はP.47

とんがり帽子
作り方はP.44

カボチャ帽子
作り方はP.46

キラキラ
ネックレス
作り方はP.46

黒猫バッグ
作り方はP.45

カボチャ
スカート
作り方はP.46

カボチャの
コスチューム
LV. ★★★☆

切り紙の
マント
作り方はP.44

魔女の
コスチューム
LV. ★★★☆

なぜ仮装するの？

ハロウィンには、先祖の霊だけでなく、悪魔や魔女、さまよえる魂なども死後の世界からやってくるといわれています。人々は、それらと同じ格好に仮装して仲間だと思わせ、身を守りました。

魔女・魔法使い

とんがり帽子

LV. ★★★★★

四ツ切り色画用紙1枚でできちゃうオシャレな帽子です。

作り方

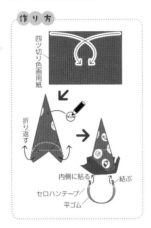

四ツ切り色画用紙

折り返す

内側に貼る
セロハンテープ
平ゴム
結ぶ

星のキラキラステッキ

LV. ★★★★★

星がたくさん付いたステッキ！
どんな魔法を掛けようかな♪

作り方

裏に貼る　　厚紙

セロハンテープで貼る

カラーワイヤー

新聞紙を丸めて棒状にする

巻く

キラキラテープ

※安全に配置してワイヤーの先に
星を貼りましょう。

切り紙のマント

LV. ★★★★★

キラキラ色紙を折って切った切り紙の
模様が黒のポリ袋に映えますね。

作り方

ポリ袋
リボン
色紙
キラキラ

セロハンテープ

セロハンテープで貼る

両面テープで貼る

ポリ袋を切ったもの

※折り方・切り方は一例です

開く

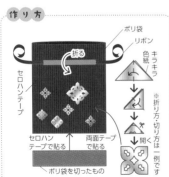

着てみると…

黒猫バッグ

LV. ★★★★★

空き箱を利用した黒猫のバッグです。

作り方

モール
（2本をねじる）

穴をあけ
モールを
通す

お菓子の
空き箱

折る

クレヨン

魔法の杖

LV. ★★★☆☆

太いストローの先に両面テープを貼って毛糸を巻き、マスキングテープや丸シールを飾ると、杖のできあがり！

ペタペタマント

LV. ★☆☆☆☆

シールやテープ貼りを楽しみながら作りましょう。マジックテープで着脱しやすくなっています。

作り方

角を絞ってマスキングテープで留める

粘着式マジックテープ（裏側に）

ポリ袋を半分に切ったもの

マスキングテープ　　丸シール

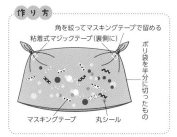

着てみると…

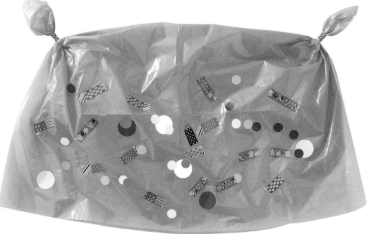

45

カボチャ

カボチャ帽子
LV. ★★★★

カボチャのツルのように、くるくる巻いて帽子に！　ひらひらしたつばがかわいい！

作り方

厚紙の端を折り返して輪ゴムを通しホッチキスで留める（保育者）

厚紙

ホッチキスで留める

※針はセロハンテープでカバー

巻いて貼る

クレープ紙

伸ばす

紙テープを巻く

紙テープ

紙ナプキン

ペーパー芯 1/3

キラキラネックレス
LV. ★★★

アルミシートをストローに通してできあがり。　カボチャの飾りがアクセントに♪

作り方

ストローに通す

穴をあける

ピンキングばさみで切ったアルミシート

最後に

通す

ストロー

セロハンテープを巻く

リボン

ストローをセロハンテープで貼る

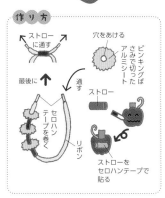

作り方

両端を折って両面テープで留め、平ゴムの通し口を作る

両面テープ

折る

半分に切ったカラーポリ袋

平ゴムを通して両端を結ぶ

表裏ひっくり返す

上下をテープで貼る

フラワーペーパー

詰める

紙テープ

スズランテープ

空気を入れて縛る（8本作る）

傘袋

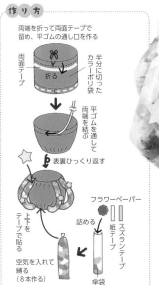

カボチャスカート
LV. ★★★★

ぷっくりとしたボリュームのあるスカートがカボチャらしくなるマストアイテム♪

ぷっくり カボチャバッグ

LV. ★★☆☆

フラワーペーパーを詰めてぷっくりとした
カボチャがかわいいバッグです。

作り方

ポリ袋 — 結ぶ
フラワーペーパー

穴をあけて
モールを通す
モール
丸シール
ビニール
テープ
セロハン
テープ
で貼る
セロハンテープで貼る
ペットボトル
丸シール
ビニール
テープ
裏側に折って
丸い形にして
貼る
両面テープ

しましま カボチャバッグ

LV. ★★★☆

ペットボトルに色画用紙を貼った立体的なバッグ。
中にお菓子がたくさん入ります。

作り方

色画用紙
両面テープ
貼る
貼る
階段折り
穴をあけてモールを通す
セロハンテープで
カバー
マスキングテープ
色画用紙
色画用紙
2Lペットボトルを
切ったもの

トリック・オア・トリート

　仮装をした子どもたちが近所の家々
を訪ね、"トリック・オア・トリート"
（お菓子をくれなきゃ、いたずらし
ちゃうぞ）と玄関先で声をかけてお
菓子をねだります。大人たちは「ハッ
ピーハロウィン！」と答え、お菓子
を渡すのが習わしとなっています。

お菓子

LV. ★★☆☆

フラワーペーパーや段ボール
板で作ったお菓子をバッグに
入れて持ち歩きましょう♪

おばけ

まっくろクモさん

LV. ★★★☆☆

ボトルキャップを色紙で包み、モール4本をねじって中央に貼り付けます。白い丸シールの目を付けたら、できあがり!

ハロウィン カボチャ・おばけ

LV. ★★★☆☆

お面にしたり、ペープサート風にしたりして友達とのやりとりを楽しみましょう。

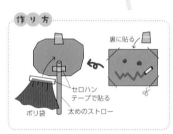

作り方

裏に貼る

セロハンテープで貼る

ポリ袋

太めのストロー

クモたちの ハッピーハロウィン!

LV. ★★★☆☆

モールで作ったカラフルな足がかわいい、窓飾りです。

作り方

クリアファイル

油性ペン

ひも

セロハンテープで留める

モール4本をねじって裏からセロハンテープで貼る

丸シール+油性ペン

パス

裏 同じ大きさの色画用紙を貼る

飾り方のポイント

窓飾りには

窓に飾り付けるときは、透明素材を取り入れたり開閉時にゆらゆらと揺れる工夫があったりすると子どもたちも興味津々。透ける素材であれば、窓から差し込む光で影が床に映ることに気付き、「不思議」「発見」につながることでしょう。

ハロウィンパーティーがはじまるよ♪

LV. ★★★☆

帽子をかぶったジャック・オー・ランタンやおばけたち。
パーティー気分でお城に向かおう!

作り方

コウモリ
パス
絵の具
紙コップ

カボチャ
柄色紙
じゃばら折り
端を挟むように貼る

キャンディ
カラーセロハン
包んで両端をねじる
ティッシュペーパー

おばけ
柄色紙
油性ペン
レジ袋
プラカップ
持ち手部分を切る
内側に両面テープで貼る

クリスマスってどんな日!?

「クリスマス」とはキリストの誕生をお祝いする日とされています。世界中の人の幸せをお祈りする日でもあります。イエス・キリストは神さまの子どもとして生まれ、みんなの幸せを願い、たくさんの人を助けたといわれています。4世紀半ばころ12月25日にクリスマスを行なうことになったとされています。サンタクロースが届けてくれるプレゼントは子どもたちにとって大きな喜びですね。

なぜ靴下を飾るの？

聖人ニコラスが貧しく困っていた家の煙突から金貨を投げ入れたところ、その金貨が暖炉にかかっていた靴下にそのまま入りました。このことから「サンタクロースが靴下にプレゼントを入れてくれる」という風習が生まれました。

サンタクロースって？

サンタクロースはキリスト教の聖人ニコラス（ニコラウス）がモデルといわれています。ニコラスは貧しく困っていた家族に自分の持っていた物を分け与えて救ったといわれることから、クリスマスになると、トナカイのそりに乗って世界の子どもたちにプレゼントを届けてくれるといわれ、子どもたちに夢を与える存在となりました。

クリスマスツリーの飾り

クリスマスツリーには、モミの木を使います。モミの木は冬になっても葉が枯れないので、いつまでも元気でいられるように願いながら飾ります。昔は、赤いリンゴ（豊かさ）と白いろうそく（けがれのない心）を飾りました。

ツリー
置きタイプ

円すいカラフルツリー

LV. ★★☆☆☆

かわいい柄のおかずカップを切って飾れば、カンタンに華やかなツリーに大変身！

作り方

おかずカップ
裏面に両面テープ

❶色画用紙で円すい形を作る。
❷おかずカップや絵を❶に貼る。

紙コップツリー

LV. ★★★☆☆

紙コップに階段折りをした色画用紙を巻いたらできあがり！ ひとつでも、重ねて飾ってもいいですね。

作り方

色紙 キラキラ

❶階段折りをする。
❷マスキングテープや丸シールを貼る。
❸紙コップに❷を巻いて貼る。
❹星形を貼る。

51

立体ツリー

色画用紙で作る立体的な
ツリー。トナカイたちも一緒
に飾ってにぎやかに!

作り方

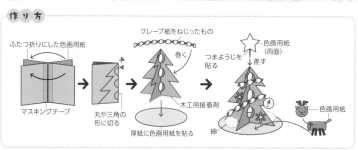

ふたつ折りにした色画用紙
マスキングテープ
丸や三角の形に切る

クレープ紙をねじったもの
巻く
木工用接着剤
厚紙に色画用紙を貼る

つまようじを貼る
差す
色画用紙（両面）
綿
色画用紙

作り方

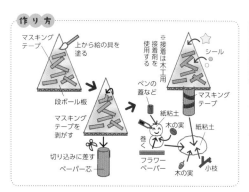

マスキングテープ
上から絵の具を塗る
段ボール板
マスキングテープを剥がす
切り込みに差す
ペーパー芯

※接着剤は木工用接着剤を使用する
シール
マスキングテープ
ペンの蓋など
紙粘土
木の実
巻く
フラワーペーパー
紙粘土
木の実
小枝

段ボール板の
ナチュラルツリー

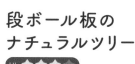

マスキングテープの跡の模様がす
てきなツリー。紙粘土に差したツ
リーを揉んだアルミホイルにのせ
ると、雪のキラキラ感が出ます。

紙コップのカラフルツリー

LV. ★★★★☆

サイズ違いの紙コップを重ねるとツリーになります。
様々な柄の色紙を使って飾りましょう。

段ボール板の
ペタペタツリー

LV. ★★★★☆

組み立てた立体的なツリーに、
カラフルな色紙で自由にデコ
レーション!

作り方

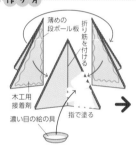

- 薄めの段ボール板
- 折り筋を付ける
- 木工用接着剤
- 指で塗る
- 濃い目の絵の具
- 英字新聞や柄付き色紙

作り方

- ストロー
- 穴をあける
- 紙コップ(小)
- 柄色紙(裏面)
- 両面テープ
- フラワーペーパー
- 内側に貼る
- 重ねる
- 紙コップ(大)
- 綿
- 段ボール板+英字新聞

ペーパー芯
つみつみツリー

LV. ★☆☆☆☆

ペーパー芯に貼る色紙と、中に詰
める色の組み合わせ次第でオリ
ジナルのツリーが完成!

おやまみたいに
できちゃった!

作り方

❶色紙にのりを付けてペー
パー芯に巻く。

❷❶にフラワーペーパーを
詰める。

❸❷を積み上げ、木工用接
着剤で貼り、星を飾る。

53

つりタイプ

まきまき棒の ツリー

LV. ★★★☆☆

筒状の色画用紙を段ボール板に貼り付ければ、ツリーのできあがり!

作り方

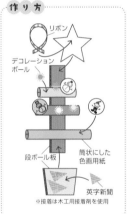

- リボン
- デコレーションボール
- 段ボール板
- 筒状にした色画用紙
- 英字新聞
※接着は木工用接着剤を使用

シール貼り オーナメント

LV. ★☆☆☆☆

ビニールテープと丸シールを貼ることを楽しみましょう。

作り方

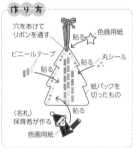

- 穴をあけてリボンを通す
- 色画用紙
- 貼る
- ビニールテープ
- 丸シール
- 貼る
- 貼る
- 紙パックを切ったもの
- 〈名札〉保育者が作る
- 色画用紙

ストローツリー

LV. ★★★★☆

ストローツリーの中にサンタなどを描いて飾ります。みんなの作品を組み合わせて飾ると大きなツリーに!

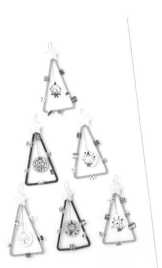

作り方

- (セロハンテープ)
- ストロー
- 両面テープで貼る
- マスキングテープ
- 結ぶ
- 差す
- 切り込み+セロハンテープ

＼製作のポイント／
透明素材

クリアファイルを土台に使用するときは、中に挟む素材を透明感のある素材や薄い紙のフラワーペーパーがいいでしょう。色が重なり合い変化することに気付きながら製作を楽しみましょう。

クリアファイルの切り方

クリアファイルツリー

LV. ★★★★☆

透明色紙やフラワーペーパーなど様々な素材を使いましょう。透け感のある素材で色の重なりが楽しいですね♪

作り方

❶三角形に切った（一辺はつながった状態）クリアファイルの中面にスティックのりを塗って、フラワーペーパーや透明色紙、レースペーパーなどの飾りを貼る。

❷❶を閉じて、周りをマスキングテープで留める。色画用紙の星と幹（厚紙をアルミホイルで包む）を表面に貼る。

ちょこっと立体ツリー

LV. ★★★☆☆

たくさんの飾り付けでオリジナルのツリーを作ろう♪

作り方

丸シール → 円すい形にしてからつぶす

キラキラ色紙
色紙の飾り
輪にした色画用紙 → フラワーペーパー

サンタクロース・トナカイ

三角サンタと
トナカイさん

LV. ★★☆☆

三角形の色画用紙を土台にして
顔やツノを貼って作りましょう。

作り方

リボン
マスキングテープ（緑）
デコレーションボール
円柱形
柄色紙
貼る
テープで貼る
チーズの空き箱
綿
折る

仲良しつり飾り

LV. ★★★☆

木の枝にサンタとトナカイが仲良く
並んで座っている姿がかわいい！

作り方

紙ひも
丸シール
巻いて結ぶ
円柱形
綿
丸シール
通す
枝
木工用接着剤で固定（内側）

サンタさんへのポストボックス

LV. ★★★☆

サンタクロースへの手紙を入れるポストボックスは、
出し入れが楽しめます。

手紙を
入れよう!

モール
パンチ穴
切り込みに
掛ける
片段ボール
フラワーペーパー
色紙
折る
色紙
さんた
お菓子の
空き箱
マスキングテープ

ゆらゆらツリー

LV. ★★★★

置いて飾るだけでなく、ゆらゆら
揺れて楽しいツリーです♪

作り方

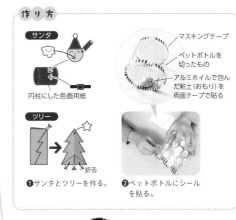

サンタ

マスキングテープ
ペットボトルを
切ったもの
アルミホイルで包ん
だ粘土(おもり)を
両面テープで貼る

円柱にした色画用紙

ツリー

折る

❶サンタとツリーを作る。　❷ペットボトルにシール
　　　　　　　　　　　　　　を貼る。

裏には
おもりが…!

ゆらゆら
たのしいな

仲良し
サンタクロース

LV. ★★★★★

並んでかわいい仲良しのサンタたち！ つり飾りで保育室を楽しく盛り上げましょう。

裏側にストローを貼って、リボンを通せるようにすると飾りやすいですよ。

おすわりサンタ・トナカイ

LV. ★★★★★

柄付きのカラー紙コップがオシャレな服に。ちょこんと座っているようでかわいいですね。

作り方

❶顔を描いた色画用紙を円柱形にする。

❷❶をカラー紙コップにかぶせて、手足を付ければできあがり。

\配慮のポイント/
切り口を
保護する

ペットボトルなどの素材を使用する際、はさみやカッターナイフで切った切り口は、セロハンテープを貼るなど危険のないように配慮しましょう。

スノードーム風
置き飾り

LV. ★★★★★

ペットボトルがスノードームに大変身！ 中に紙粘土の雪だるま風サンタとトナカイが仲良く並んでいます。

作り方

モール
布
両面テープで貼る
かぶせる
柄色紙
シール
レースペーパー
ペットボトルの上部
つまようじ
木工用接着剤
枝
紙粘土
紙皿

そりに乗った サンタクロース

LV. ★★★☆☆

身近な素材で作った、立体的で
かわいいオーナメントです。

穴をあけて
モールを通す
紙コップ
毛糸を巻く
色画用紙
色画用紙
巻く
画用紙
丸めて貼る
片段ボール
巻く

段ボール トナカイ

LV. ★★★★☆

小枝のツノがかわいいト
ナカイは、体が段ボール
板なので手足を付けるの
もカンタン!

サンタ& トナカイの 紙皿アーチ

LV. ★★★★☆

紙皿の縁を使ってアーチ状
に! サンタクロースとトナ
カイがセットでかわいいオー
ナメントになりますね。

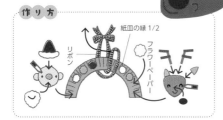

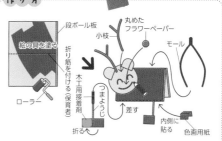

絵の具を塗る
段ボール板
小枝
丸めた
フラワーペーパー
モール
折り筋を
付ける(保育者)
木工用接着剤
ローラー
折る
つまようじ
差す
内側に
貼る
色画用紙

リボン
フラワー
ペーパー
紙皿の縁 1/2

59

リース

紙皿の ふさふさリース

LV. ★★★☆

ふさふさと立体感のあるリースは、細かく
入れた切り込みがポイント！

作り方

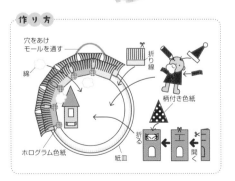

穴をあけ
モールを通す
綿
折り線
柄付き色紙
折る
ホログラム色紙
紙皿
開く

プチプチシートの リングリース

LV. ★★★☆☆

果物ネットがアクセントに！ 感触を楽しみ
ながらプチプチシートに通していきましょう。

作り方

通す
巻く
輪切りにした
果物ネット
プチプチシート
リボン
アルミホイル
輪にして
透明テープで留める
丸シール

カラフル リース

LV. ★☆☆☆☆

ねじって輪にした色画用紙
に子どもたちが柄色紙や
色画用紙を両面テープで
貼り、仕上げに丸シールを
貼りましょう。

わっかを
いっぱい
くっつけたよ！

輪っかが
いっぱいリース

LV. ★★★☆

それぞれの輪かを色紙やフラワーペーパーで飾れば、にぎやかで楽しいリースに変身！

作り方

❶厚紙を輪にする。　❷色画用紙を輪にする。　❸❶に❷を貼る。

段ボール板のポップリース

LV. ★★☆☆

ボタンやフェルトなどいろいろな素材を貼り付ければ、華やかなリースに大変身！

作り方

段ボール板

絵の具を塗る

ローラー

穴をあけモールを通す

木工用接着剤で貼る

ボタン

フェルト

片段ボール

※接着には木工用接着剤を使用

ブーツ

あったか ブーツ
LV. ★☆☆☆

毛糸を引っ掛けながら巻く
だけでできるブーツ。ふわ
ふわで暖かそう!

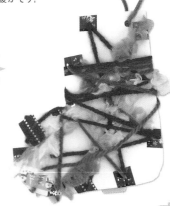

ティッシュボックスの ブーツ
LV. ★★☆☆

綿の付いたブーツはとても暖か
そう。ペープサートを作って飾っ
ておくと、いつでも遊べます♪

スケルトンブーツ
LV. ★★☆☆

挟んだカラーセロハンのカラフルな色が
透けて見えるかわいいブーツ。ペープサー
トを立ててもかわいいですね!

作り方

❶A、Bのプチプチ
シートにカラーセ
ロハンを貼る。

❷Aは上部を切り取
ったペットボトル
に巻き、Bは棒状
に丸める。

両面テープ

❸Bを折り曲げてA
にセロハンテープ
で取り付ける。

❹マスキングテー
プで飾る。

作り方

❶ティッシュの空き箱
1/2(口部分には色画
用紙を貼っておく)に、
片段ボールを貼る。

❷柄色紙や丸シール、マ
スキングテープで飾る。
最後に両面テープで綿
を付ける。

手紙

窓付きブーツカード

LV. ★☆☆☆☆

レースペーパーとフラワーペーパーの飾りがかわいいブーツ。窓から見えるのは誰かな？

作り方

紙テープ

折り返す

フラワーペーパー

レースペーパー

折る

ツリーカード

LV. ★★★★☆

切り込みを入れるだけで立体的なカードに！ ツリーはマスキングテープなどで飾りましょう。

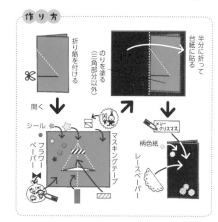

作り方

半分に折って台紙に貼る

折る

折り筋を付ける

のりを塗る（三角部分以外）

開く

シール

フラワーペーパー

マスキングテープ

メリークリスマス

柄色紙

レースペーパー

サンタさんへのレターラック

LV. ★★★☆☆

大好きなサンタさんに絵手紙を描いて、透明ポケットに入れて飾りましょう。

ゆうと

作り方

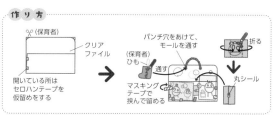

（保育者）

クリアファイル

開いている所はセロハンテープを仮留めをする

パンチ穴をあけて、モールを通す

（保育者）ひも

通す

マスキングテープで挟んで留める

折る

丸シール

オーナメント

閉じると…

雪だるまの オーナメント

LV. ★★★★

ペーパー芯を貼り合わせて フラワーペーパーを詰めま しょう。毛糸のマフラーを巻 いてできあがり♪

おうち オーナメント

LV. ★★★☆

扉を開けるとサンタさん！ そのまま画用紙に貼って、ク リスマスカードとして使って もいいですね。

作り方

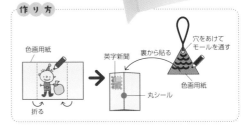

色画用紙 ／ 折る

英字新聞

裏から貼る

穴をあけて モールを通す

色画用紙

丸シール

天使の オーナメント

LV. ★★★★

レースペーパーが天使の羽 にぴったり♪ 天使に願いを 込めて作りましょう。

作り方

のり

フラワー ペーパー

ねじる

モール

フラワー ペーパー

レース ペーパー

丸シール

巻く

紙粘土の キラキラ オーナメント

LV. ★☆☆☆

丸めた紙粘土にビーズを埋 め込むとかわいいオーナメン トに！ 輪にしたモールとリボ ンを付けたらできあがり♪

雪だるまのおうち

LV. ★★★★☆

三角屋根のおうちの窓を開けると、かわいい
雪だるまがひょっこり顔を出します。

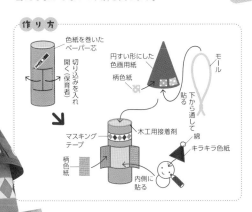

作り方

色紙を巻いた
ペーパー芯

切り込みを入れ
開く（保育者）

円すい形にした
色画用紙

柄色紙

モール

貼る

下から通して
綿

キラキラ色紙

木工用接着剤

マスキング
テープ

柄色紙

内側に
貼る

木のスプーンの
サンタ＆天使

LV. ★★★☆☆

木のスプーンに色画用紙や布を貼り付けて、
サンタと天使に仕上げます。

フラワー
ペーパー

レースペーパー

スパンコール

綿

布
布は水で薄めた木工用
接着剤を塗り、乾かし
て小さく切っておく

シール貼りの
クリスマス飾り

LV. ★☆☆☆☆

いろいろなシールを貼った色画用
紙を紙帯にペッタン。ツリーに掛け
ても、壁に飾ってもいいですね。

丸シール

星形シール

パンチ穴
補強シール

お正月って何！？

　正月は年神様を家にお迎えして新しい年の豊作と平和を祈る行事です。年神様とは家族が元気に暮らせるように見守ってくれる神様のことで正月の元旦には年神様が新年の幸せを授けてくれるために各家々にやってきます。幸運をもたらす年神様をお迎えするために色々な飾りや料理でお迎えします。

　「あけましておめでとうございます」の挨拶も新年ならではの風習です。

正月の飾り

　年末になり新年が近付いてくると、徐々に玄関先に飾られ始める正月飾り。門松やしめ縄などの正月飾りは、12月28日までに飾ることが一般的とされています。29日は、発音した際に「二重苦」になり、大みそかである31日に飾ることを「一夜飾り」と呼び、縁起が悪いとされています。

【門松】

　新年に神様が家に来る時の目印になり、門や玄関の前の右側と左側に雄の松と雌の松を2つ1組で並べます。一年中落葉しない松、生命力の強い竹、新春に開花する梅と3つの縁起物が用いられます。

【絵馬】

　昔、神様は馬に乗って人の住む世界に降りてくるといわれ、神社に馬を奉納して祈願をしていました。しかし、生きた馬を奉納するのは大変なので、木に馬を描いた絵馬が主流になっていき、神社に奉納する木の板を絵馬と呼ぶようになりました。家のような形をした絵馬が多いのは神馬舎の名残だといわれています。今では馬だけではなく、社寺にゆかりのある動物や縁起物などが描かれることもあります。

【獅子舞】

　正月や祭りの時に獅子頭をかぶって舞う踊りです。インドのライオンを模した舞が獅子舞の原型といわれています。病気を退治したり、悪魔を追い払ったりする意味があるようです。獅子舞に頭をかんでもらうと一年を無事に過ごすことができると信じられています。

正月の伝統遊び

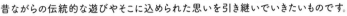

正月の遊びといえば、日本の伝統的な遊びでもあるたこ揚げや羽根つきなどが浮かぶことでしょう。
昔から伝わる遊びには、一つひとつに様々な願いが込められています。親や地域から受け継がれることが
少なくなった今、園で伝えていくことで、子どもたちの遊びを広げ、
昔ながらの伝統的な遊びやそこに込められた思いを引き継いでいきたいものです。

【たこ揚げ】

立春に空を見上げるのは健康に良いことから、たこが高く揚がるほど、子どもが健やかに成長するといわれています。

【羽根つき】

羽根に使われているムクロジ（無患子）の実が子どもの無病息災の願いを込めたといわれています。正月ならではの遊びを園でも楽しみ、伝統的な面を伝えていきたいですね。

【こま】

芯が通ってクルクルと回る様子が「物事を円滑に回る」に通じることから、縁起物と考えられています。1年の始まりであるおめでたい正月に、吉凶を占う縁起物であるこまを回すことで、子どもの健やかな成長を願っていました。

【カルタ】

室町時代にポルトガルの宣教師によって伝えられ、スペイン語で手紙やカード意味する「carta」が語源といわれています。江戸時代になり、子どもたちがひらがなやことわざに興味をもち、覚えられるようにと「いろはかるた」が作られたそうです。

正月の食べ物

日本人は一年の節目として、正月をとても大切にしてきた歴史があり、
年神様に一年の幸運を授けてもらうために多くの習慣が生まれ、
定着したとされています。農耕民族として歴史の長い日本人は、
今年も豊作でありますようにと願う気持ちで新年を迎えていました。

【鏡餅】

年神様を家にお迎えする時のお供え物で神様の力が乗り移ると考えられています。神様にお祈りするときに使う丸い鏡の形を真似、下の大きい方が「太陽」、上の小さい方が「月」を表し、二段重ねには円満に年を重ねるなどの意味も込められています。

【おせち料理】

年神様へのお供えの料理で、家族の幸せや繁栄を願う縁起物です。1品1品にもそれぞれの意味が込められています。

【お雑煮】

本来は、大晦日の夜に年神様にお供えした食べ物をお餅と一緒に食べることで、神様から力をもらえるおめでたい汁物の料理です。使う材料や味は地域によってそれぞれです。

橙 代々家が栄えるように

裏白 裏面が白いことから清廉潔白の心や白髪になるまでの長寿を願う

※串柿・するめ・伊勢海老・昆布などの縁起物を飾る地域もあります。

十二支のお話

月が地球を1年でほぼ12回転することから1年は12か月、1日は12の倍数の24時間、ギリシャ神話は12神、中国の礼服の模様は12章など、昔から人々は自然を観察する中で「12」という数に特別な意味をもつようになったものといわれています。

十二支は中国で作られた一年の数え方で「子・丑・寅・卯・辰・巳・午・未・申・酉・戌・亥」の12年で一巡します。

昔、神様が生き物たちに「1月1日の朝に私の所に来なさい。1番から12番までに来たものに1年ずつその年を守ってもらいたい」と言いました。歩くのが遅いからと牛は前日から出発しました。ネズミはその牛の背中に乗ってゴール目前に飛び降りて1番に門をくぐりゴールしました。子（ネズミ）に続いて丑（ウシ）、寅、卯（ウサギ）、辰（龍）、巳（ヘビ）、午（ウマ）、未（ヒツジ）、申（サル）、酉（ニワトリ）、戌（イヌ）、亥（イノシシ）の順にゴールして干支の順番が決まりました。

そして猫はネズミに1日遅れの日程を騙されて伝えられていたので、レースの翌日にゴールし、神様に「顔を洗って出直してこい」と言われてしまいます。それ以来、猫は顔を洗うようなしぐさをするようになり、ネズミを恨んで追い掛け回すようになったそうです。

正月飾り
十二支飾り

おすわりネズミ
LV. ★★★★☆

モールやビーズなど好きな素材を
選んでかわいい表情にしましょう。

紙コップの
イノシシ親子
LV. ★★★☆☆

紙コップに飾り付けたイノ
シシのお母さん。連なるウ
リボウたちもかわいい♪

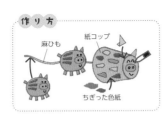

作り方
麻ひも　紙コップ
ちぎった色紙

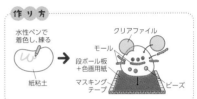

作り方
水性ペンで
着色し、練る
紙粘土
→
クリアファイル
モール
段ボール板
+色画紙
マスキング
テープ
ビーズ

あったか
ヒツジさん
LV. ★★★☆☆

温かい肌触りの素材に触
れ、絵本のヒツジをイメージ
しながら作りましょう。

作り方
段ボール板
毛糸を直接貼る
場合は木工用接
着剤を使う
毛糸
毛糸を巻き付け、
端は裏でセロハン
テープで留める
裏でセロハン
テープで留める

プラカップの
ニワトリ飾り
LV. ★★★★☆

動物の色味を考えてプラカップにい
ろいろな色の素材を組み合わせて
詰めましょう♪ いろいろな干支の動
物を作ってみるのもいいですね。

作り方
プラカップ
セロハン
テープで
ふたをする
油性ペン
フラワー
ペーパー

絵馬

封筒イヌの絵馬

LV. ★★★☆☆

封筒で作ったイヌの形の絵馬がユニーク!

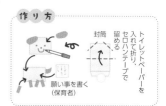

トイレットペーパーを入れて折り、セロハンテープで留める

封筒

願い事を書く
(保育者)

立体絵馬

LV. ★★★★☆

色画用紙を渦巻きに切ったヘビや、円柱に丸めた胴体のサルを貼って、立体的な絵馬を作ってみましょう。

はやおき
する

たくや

さかあがり
さがる
ばる

ゆうと

あけまして
おめでとう

ポケット絵馬

LV. ★★★★☆

紙皿を重ねて、自由に飾れば、ポケットの付いた絵馬のできあがり♪

作り方

紙皿(表)

ポケットになるように貼り、両端をホッチキスで留め、テープでカバーする

紙皿1/2(裏)

しめ縄

ふわふわ ウサギのしめ縄

LV. ★★☆☆

紙皿の模様がしめ縄みたい！
羊毛フェルトでウサギの形を
作りましょう。

作り方

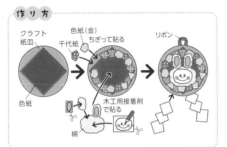

クラフト紙皿
色紙（金）ちぎって貼る
千代紙
色紙
木工用接着剤で貼る
縄
リボン

タツのしめ縄

LV. ★★★☆

ねじったクラフト紙のしめ縄
にタツを巻き付ければ、今に
も動き出しそう！

ほそ〜く、
ねじねじ

作り方

クラフト紙を
ねじって輪にする

→

マスキング
テープで留める

飾りや干支を貼る

しめ縄の由来

　年神様を迎えるための大
切な場所に悪いものが入ら
ないように門や玄関などの
入り口に飾ります。飾った
所が外の世界と神様の世界
を分ける目印（結界）にな
り、魔除けの役割も果たし
ています。

71

ししまい

ゆらゆら ししまい

LV. ★★★☆☆

ティッシュケースがししまいの体に。筒状の顔や毛糸の手足が今にも動き出しそう!

作り方

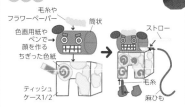

毛糸やフラワーペーパー
筒状
色画用紙やペンで顔を作る
ちぎった色紙
ティッシュケース1/2
ストロー
毛糸
麻ひも

元気いっぱい ししまい

LV. ★★★★☆

ペーパー芯の土台を持って自由に動かすことができます。友達同士でやりとりを楽しみましょう。

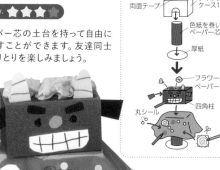

作り方

カラーポリ袋
両面テープ
ティッシュケース1/2
色紙を巻いたペーパー芯
厚紙
フラワーペーパー
丸シール
四角柱

パクパク ししまい

LV. ★★★★☆

口をパクパク動かせるので、本当のししまいみたい!

白パスで はじき絵

\製作のポイント/

白のパスで白画用紙に模様を描き、濃い色の絵の具で上から塗ると、模様がはっきりと浮かび上がるので、はじき絵がより楽しめます。見えない模様が現れる瞬間の子どもたちの表情に注目です。

作り方

中央に折り筋を付け、折り筋まで折る

下にずらして、もう一度折り筋を付ける（下も同様に上にずらして折り筋を付ける）

折り筋に沿って、立体的に

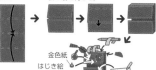

金色紙
はじき絵

だるま

ゆらゆらだるまさん

LV. ★★★★☆

二つのだるまがシーソーのようにゆらゆら揺れます♪

【作り方】

切り取る

半分に折った紙皿

ねじったフラワーペーパー

和柄のマスキングテープ

丸めたフラワーペーパー

マトリョーシカだるま

LV. ★★★★★

だるまの中から干支の動物が現れる置き飾りです。好きな物を作ってかぶせると楽しいですね。

だるまを取ると…

染め紙のだるまさん

LV. ★★★★☆

色の組み合わせを考えながら、染め紙を楽しみましょう。

【作り方】

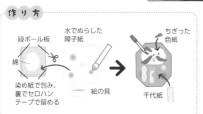

段ボール板

綿

水でぬらした障子紙

ちぎった色紙

染め紙で包み、裏でセロハンテープで留める

絵の具

千代紙

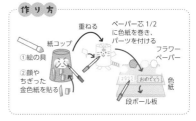

【作り方】

重ねる

ペーパー芯1/2に色紙を巻き、パーツを付ける

①絵の具

紙コップ

②顔やちぎった金色紙を貼る

フラワーペーパー

色紙

段ボール板

おせち料理

段々ポケットおせち

LV. ★★★★☆

段に折った色画用紙の重箱に、好きな食材を入れていきましょう。

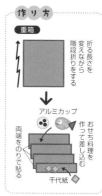

作り方

重箱

折る長さを変えながら階段折りをする

↓

アルミカップ

おせち料理を作って差し込む

両端をのりで貼る

千代紙

\\援助のポイント/

おせち料理の具材を表現

飾り切りした色紙をレンコンにしたり、おかずカップに丸めたフラワーペーパーを入れて黒豆にしたり、片段ボールを巻いてだて巻きにしたりなど、好きな素材を組み合わせて作りましょう。おせちのイメージができるように、素材の準備や援助をしましょう。

豪華なボリュームおせち料理

LV. ★★★★★

タイ・エビ・黒豆など、様々な食材を重箱に入れて、豪華でおいしそうなおせち料理のできあがり♪

作り方

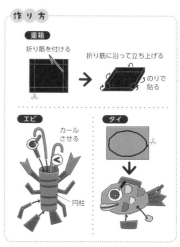

重箱

折り筋を付ける → 折り筋に沿って立ち上げる のりで貼る

エビ
カールさせる
円柱

タイ

※他の料理は色画用紙やフラワーペーパー、おかずカップなどを組み合わせて、自由に作りましょう。

お節料理

なぜ重箱に
詰めるの?

　おせち料理が重箱に詰められるようになったのは江戸時代の後期からで、その頃は「喰積（くいつみ）」（食積／食摘）と呼ばれていました。神様にお供えするための、「おせち」と呼ばれる御膳に配された料理は奈良時代からありましたが、時を経て、重箱に詰められた料理の方を「おせち」と呼ぶようになりました。

　重箱に詰めるのは「福が重なるように」という意味のほか、ほこりや虫から料理を守り、保存するのに適していたからだという理由があります。また積み重ねられるのでたくさんの料理をコンパクトに用意できるという利便性から、家庭に広く普及しました。

～それぞれの食べ物に込められた意味～

エビ

腰が曲がるまで長生きできるように

タイ

「めでたい」の語呂合わせ

ごまめ（田作り）

田畑の肥料にイワシが使われていたことから穀物が豊に実るように

黒豆

「まめ」に働き、元気に暮らせるように

レンコン

穴があいているので、将来の見通しが良いように

栗きんとん

黄金色をしていることから金運の上昇を願う

昆布

「よろこぶ」の語呂合わせ

だて巻き

反物の形をしていることから着る物に困らないように

おもち

鏡餅

LV. ★★★★☆

ポリ袋に白い紙を詰めて大きな
鏡餅を作りましょう。

> **作り方**
>
> **鏡餅**
> もんだ白い紙
> スズランテープ
> 二個作って口を結ぶ
> ポリ袋
>
> **裏白**
> 色紙
> 開く
>
> **三方**
> 折る
> のりで貼る
> お菓子箱

ぷっくり焼き餅

LV. ★★☆☆☆

焼いてぷっくり膨らんだ
お餅。焼き目もついて、お
いしそう♪

> **作り方**
>
> 油性ペン
> 絵の具を塗る
> ティッシュペーパーを包んだ半紙
> のり
> 半分に折る
> 中に貼る
> 切り込みを入れ開く
> 絵の具を塗る

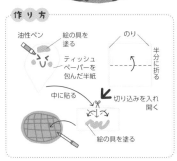

> **作り方**
>
> もんだクラフト紙
> 麺カップ
> 油性ペン
> シイタケ
> 餅
> かまぼこ
> ネギ

お雑煮

LV. ★★☆☆☆

餅やかまぼこなどをのせて
雑煮を作ります。家庭の味
を話し合いながら作ると盛
り上がりますね。

こま

> ラッピングして
> 持ち帰ろう♪

カラフルこま

LV. ★★☆☆☆

厚紙とボトルキャップで簡単に作れます。回っているこまの模様にも注目！

あそぼうね　はると

作り方

❶四角形の厚紙に折り目を付ける（折りやすいように薄くカッターで筋を入れておく）。

❷ペンで模様を描いて、両面テープでボトルキャップを中心に貼る。

クルクル
こま回し♪

LV. ★★☆☆☆

毛糸や工作紙は、様々な色を用意して組み合わせ自由に。個性豊かなこまができます。

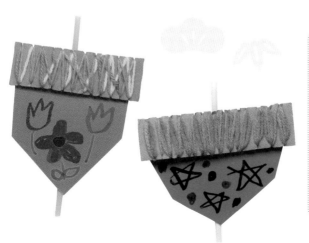

作り方

段ボール板に切り込みを入れる

毛糸を巻く

工作紙

油性ペン

ストローをセロハンテープで裏から貼る

たこ

だるまさんたこ

LV. ★★★★★

墨汁で描くことで、よりお正月
らしさが出ますね。

\製作のポイント/

墨汁の濃さ

絵の具同様、加える水の
量で濃淡が変化します。
子どもたちが好きな濃さ
の墨を使えるように用意
しましょう。

作り方

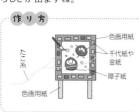

たこ糸
色画用紙
千代紙や
金紙
障子紙
色画用紙

カラーポリ袋たこ

LV. ★★★☆☆

たこに干支を描いて揚げてみましょう。
カラーポリ袋の透明感がきれい！

着物で
たこ揚げ

LV. ★★★☆☆

きれいな着物を着て楽し
そう。好きな絵を描いた
たこを揚げよう♪

作り方

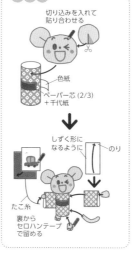

切り込みを入れて
貼り合わせる

色紙
ペーパー芯 (2/3)
＋千代紙

しずく形に
なるように

のり

たこ糸
裏から
セロハンテープ
で留める

作り方

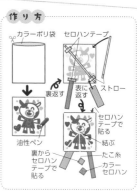

カラーポリ袋　セロハンテープ

ストロー

裏返す　表に
返す

セロハン
テープで
貼る

油性ペン　結ぶ

裏から
セロハン
テープで
貼る

たこ糸
カラー
セロハン

羽子板

切り紙羽子板

LV. ★★★☆☆

段ボールを土台に、切り紙を飾り付けると、華やかな羽子板になります。

作り方

ビニールテープを周りに貼る

色紙で飾りを作って貼る

段ボール板を保育者が羽子板の形に切る

ぺたぺた羽子板

LV. ★☆☆☆☆

羽子板の周りや持ち手にマスキングテープや色紙を貼った紙パックの土台に両面テープを貼っておきましょう。一回切りをした色画用紙をぺたぺた♪

段ボール羽子板

LV. ★★★★★

表はトサカや羽などを付けてニワトリに、裏は願い事を書きましょう。

裏は…

ねこさんがほしいな

ウサギの羽根

LV. ★★★☆☆

ボトルキャップを色紙で包み、耳と顔を付けて、ウサギの羽根のできあがり♪

すごろく・かるた

すごろくゲーム

LV. ★★★★☆

道順やマスの内容を自由に決めて作り、
みんなで遊ぼう！

作り方

❶色画用紙の道を貼る

❷色紙や色画用紙に内容を描いて貼る

❸色紙を貼る

❹絵を描く

コマ
円柱にした色画用紙に作った顔を貼り付ける

思い出かるた

LV. ★★★★★

好きな物や思い出などを絵札にしたり、読み札に
したりして、オリジナルのかるたを作ろう。

年賀状

心を込めて年賀状を送ろう!

LV. ★★☆☆☆

ステンシル・貼り絵・スタンピングなどの技法を用いて
年賀状作りを楽しみましょう。

おしょうがつ

はると

おめでとう

ゆい

たこあげ

ひろと

りんか

おめでとう

はな

作り方

ステンシル

白画用紙

丸型や三角形に
くり抜いた
クリアファイル

スポンジ

乾かす

絵の具

おしょうがつ

はると

スタンピング

おめでとう

はな

厚紙

段ボール
板を巻く

オクラ

絵の具を付ける

乳酸菌飲料
の空き容器

貼り絵

金色紙を階段
折りにして
中心をつまむ

麻ひも

おめでとう

ゆい

デコレーション
ボール

クラフト紙

製作のポイント

**いろいろな
技法を使って**

保育者から子どもたちのおうち
へ送ったり、子どもたちから祖
父母に送ったりなど園によって
取り入れ方は様々でしょう。そ
の年の干支や正月ならではのモ
チーフをいろいろな技法や素材
を使った年賀状を作りましょう。

節分ってどんな日!?

節分は、もともと季節のはじまりの日である「立春」「立夏」「立秋」「立冬」の前日のことで、1年に4回ありましたが、いまでは「立春」の前日（2月3日頃）のことを節分といいます。節分という言葉には、「季節を分ける」という意味があり、昔の日本では春は1年の始まりとされ、特に大切にされたようです。

恵方巻き

「恵方巻き」とは節分の日に食べると縁起が良いとされる太巻き寿司のこと。その年の恵方（縁起の良い方角）を向いて、願い事を心の中で唱えて、ひと言も話さずに食べると、願いがかなうといわれています。

やいかがし
（節分イワシ）

焼いたイワシの頭をヒイラギの枝に差して玄関に飾ります。イワシのにおいで鬼が逃げ、ヒイラギの葉のトゲが鬼の目を刺すといわれています。鬼払いのおまじないです。

豆まき

豆まきは、中国の鬼を払う風習が日本に伝わったもの。悪いもの（鬼）を追い払い、良いもの（福）を呼び込むために豆まきをします。豆には穀物の霊力が宿っているといわれています。園やおうちでも「鬼はそと！福はうち！」と豆をまいて悪い鬼をやっつける機会をもてるといいですね。

節分と桃太郎

昔話の桃太郎では、鬼退治に犬と猿とキジをお供にしますが、これは鬼門（鬼が出入りする方角）の反対側の方角にあるのが「戌」「申」「酉」だから、という説があります。

鬼のお面

かぶるタイプ

クラフト紙の ローラーお面

LV. ★★★★

ローラーでコロコロ塗ると、迫力のあるお面になります。

紙テープの カラフルヘアー鬼

LV. ★★★☆

土台は円柱形にし、上部を貼り合わせて作ります。髪に銀色を混ぜると、より華やかに！

配慮のポイント！

安全に 楽しむために

頭からかぶるタイプのお面は視野が狭くなるので、移動する際は安全に配慮しましょう。

すっぽり 紙袋の鬼

LV. ★★★★

紙袋をそのままかぶるタイプのお面です。色画用紙の髪の貼り方に個性が出ます。

作り方

カラー 紙コップ

※鬼の顔は 色画用紙を貼る。

階段折り

カール

内側から貼る

紙袋 (持ち手は切る)

作り方

上部を貼り合わす

(保育者)

クラフト紙(ローラーで色を塗ったもの)を筒状にする

絞ってモールを巻く

カールさせた色画用紙

貼る

貼る

貼る

上に巻く

キラキラ色紙

冠タイプ

帽子風おに冠

LV. ★★★★★

細長い色画用紙を対角線上にアーチのように貼ると、冠のようなお面ができます。

作り方

細長い色画用紙を対角線上に貼る

片段ボール

紙テープ

基本のベルト（P.86）

色画用紙

丸シールの カラフル冠

LV. ★★★☆☆

細く切った色画用紙を折ったりトンネル状に曲げたりして自由に飾ります。ツノは丸シールでカラフルに！

フラワーペーパーの ツノ飾り

LV. ★★★☆☆

フラワーペーパーをねじってベルトを隠すようにふんわり貼ってツノを付ければ、かわいらしいお面に！

作り方

ねじる

フラワーペーパー（数枚重ねる）

広げて立体的に立ち上げる

ローラー＆ フラワーペーパーの 冠お面

LV. ★★☆☆☆

ローラーで色を付けた画用紙を土台にして作った、すっぽりかぶりやすい冠型のお面です。

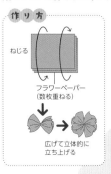

帽子タイプ

大きな鬼さん帽子

LV. ★★★★

大きくて立体的な鼻が特徴の鬼は、ティッシュケースの使い方がポイント！

飾り切りのぺたぺた鬼

LV. ★★★★

新聞紙で作ったかごが、そのまま帽子として使えます。切り紙でおしゃれに飾り付け♪

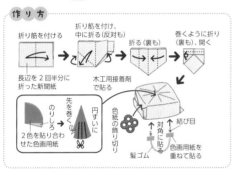

作り方

折り筋を付ける → 折り筋を付け、中に折る(反対も) → 折る(裏も) → 巻くように折り(裏も)、開く

長辺を2回半分に折った新聞紙 / 木工用接着剤で貼る

のりしろ / 先を巻く / 2色を貼り合わせた色画紙 / 円すいに / 色紙の飾り切り / 対角に貼る / 結び目 / 髪ゴム / 色画用紙を重ねて貼る

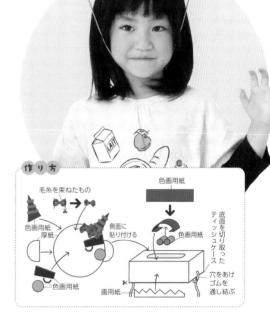

作り方

毛糸を束ねたもの / 色画用紙 / 色画用紙厚紙 / 側面に貼り付ける / 色画用紙 / 色画用紙 / 画用紙 / 底面を切り取ったティッシュケース / 穴をあけてゴムを通し結ぶ

鬼の円すい帽子

LV. ★★★

円すい形を鬼の体に見立てた、頭にフィットする帽子です。

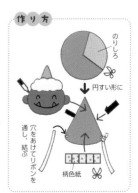

作り方

のりしろ / 円すい形に / 穴をあけてリボンを通し、結ぶ / 柄色紙

85

ベルトタイプ

基本のベルトの作り方

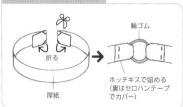

輪ゴム

折る

厚紙

ホッチキスで留める
（裏はセロハンテープ
でカバー）

両面鬼
LV. ★★★★★

裏と表で二つの顔が楽しめるお面で
す。気分によって選べます♪

作り方

紙テープ

金・銀色紙

色画用紙

色画用紙

色画用紙

色画用紙

裏側も
同様に

ベルトに貼る
（ゴムが横にくる位置で）

ふさふさ
ヘアーの
紙皿お面
LV. ★★★★★

スズランテープを裂いて作っ
た髪と、折ることでパクパク動
かせる口がポイント！

作り方

スズランテープを束ねる

手で裂く

色画用紙

両面テープで貼る

紙皿（色付き）

片段ボール

折る

色画用紙

色画用紙

ベルトに貼る

裏は…

デカルコマニーのカラフル鬼

LV. ★★★☆

デカルコマニーの模様が、カラフルなフェイスペイントみたい!

作り方

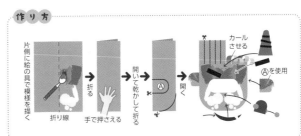

片側に絵の具で模様を描く
折り線
折る
手で押さえる
開いて乾かして折る
Ⓐ
開く
カールさせる
Ⓐを使用

おかず カップの 紙パック鬼

LV. ★★☆

カラフルなおかずカップとアルミホイルの組み合わせで元気な印象に。

作り方

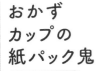

紙パック
アルミホイル
おかずカップ
両面テープ
片段ボール
[保育者の準備]
開く
折る

小さな鬼の お面

LV. ★★☆

小さな鬼が、頭にちょこんと乗っているみたい。少し斜めに付けるのがポイント♪

作り方

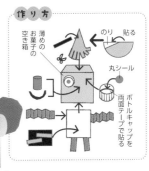

薄めのお菓子の空き箱
のり
貼る
ボトルキャップを両面テープで貼る
丸シール

\配慮のポイント/

アレルギー児 への配慮

紙パックを使用する際は、牛乳ではなく、ジュースやお茶などの紙パックを使用するようにしましょう。アレルギー児への配慮として安全に楽しめるようにします。

豆入れ

ウエストポーチ豆入れ
LV. ★★★☆

鬼のおうちが豆入れに！ 腰に付けた豆入れで豆まきがより楽しめます。

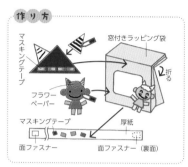

作り方

マスキングテープ
窓付きラッピング袋
折る
フラワーペーパー
マスキングテープ
面ファスナー
面ファスナー（裏面）
厚紙

中には豆を入れて…

紙パック豆入れ
LV. ★★★★☆

左右に持ち手が付いて、持ちやすい！ ふたもあるので豆が落ちにくいのもいいですね。

ペットボトル豆入れ
LV. ★★★☆☆

油性ペンで絵を描き、マスキングテープを貼るだけでかわいい豆入れに！ リボンを結べば、肩から掛けられます。

作り方

1Lの紙パック
折る
折る
貼る
色画用紙
貼る
マスキングテープ
ちぎった色紙
色画用紙

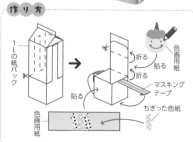

パクパク鬼さん

LV. ★★★☆

鬼さんの口は開閉できるので、
豆を取り出すのが楽しくなる
豆入れです。

おにはー
そと！

作り方

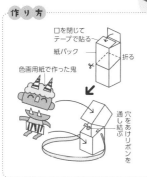

口を閉じて
テープで貼る
紙パック
折る
色画用紙で作った鬼
穴をあけリボンを通し結ぶ

なわとび鬼さん

LV. ★★★★

鬼さんも寒い冬でも体を動かして縄跳び
に挑戦！ 体が折り紙のコップになって
いるので、豆入れとしても使えます！

作り方

モール

木工用接着剤で付ける

製作のポイント

折り紙を楽しむ

折り紙は角や端をきっちりと
合わせて、折り目をしっかり
と付けることを伝えましょう。
落ち着いて丁寧に楽しめるよ
う、ゆったりとした雰囲気づ
くりを心掛けましょう。

コスチューム

ガチャポン ブレスレット

LV. ★★★☆☆

立体的なブレスレット。ガチャ
ポンケースを開けると中には
ニッコリ鬼さんが！

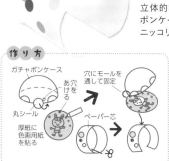

作り方

ガチャポンケース
穴をあける
丸シール
厚紙に色画用紙を貼る
穴にモールを通して固定
ペーパー芯

お面風 フェイスシールド

LV. ★★★★☆

クリアファイルのフェイスシール
ドが鬼のお面に！　どんな表情
に見えるかな？

作り方

穴をあけ平ゴムを通し結ぶ
クリアファイルを切り開いて形を整える
折る
裂く
両面テープ
スズランテープ

ポリ袋の 鬼さんポンチョ

LV. ★★★★☆

着ると鬼がかわいいですね。体がすっぽり
入る大きなポンチョです。

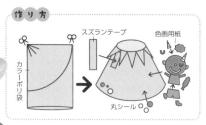

作り方

カラーポリ袋
スズランテープ
色画用紙
丸シール

あそび

起き上がり こぼし鬼

LV. ★★★☆☆

横に倒しても上から落としても起き
上がる不思議な鬼です。

作り方

セロハンテープで留める
両面テープで留める
階段折り
（大）
（小）
帯状のクリアファイルを輪にする
油粘土をアルミホイルで包む

鬼は外！ 玉入れ

LV. ★★★★★

「鬼は外！ 福は内！」の掛け声で玉
を投げて鬼退治！ みんなで協力し
て作りましょう。

鬼さんコロコロ ボウリング

LV. ★★☆☆☆

ペットボトルで作った鬼のピンを
狙おう！ 幾つ倒れるかな?

作り方

鬼
片段ボール
蓋を切った段ボール箱＋色画用紙
スズランテープで作ったポンポン
玉
丸めた新聞紙
マスキングテープやビニールテープを巻く
カッターナイフで切り取る
内側に貼る

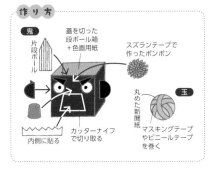

プラスプーン
スズランテープを両面テープで貼る
ビニールテープ
色画用紙＋パス

91

ひなまつりってどんな日!?

ひなまつりは女の子の健やかな成長と健康を願う日です。中国の3月の始めの巳（み）の日に川に入って身を清める風習から紙の人形を自身の代わりに川に流す「流し雛」の行事が生まれ、「流し雛」と幼い子どもの「ひいな遊び（人形遊び）」が結び付き、人形や道具を飾って女の子の成長と幸せを願う日になりました。「桃の節句」とも呼ばれます。

ひし餅の色って?

緑・白・桃の3色になっているのは春が近くなると白い雪が溶けて緑の芽が生え、桃の花が咲くということを表しています。女の子が自然の力をもらい、元気に成長してほしいという願いが込められています。

チラシ寿司とハマグリのお吸い物

ハマグリの貝殻は上下の2枚がぴったり合うようになっています。ハマグリの貝のように結婚したら2人でずっと仲良く幸せに過ごせますようにという願いが込められています。

チラシ寿司はおめでたい日に食べられる料理でエビやレンコン、錦糸卵など縁起の良い食材がたくさん入っており、彩りも華やかでひなまつりの定番メニューとなりました。

歌にも出てくる桃の花

春に咲く季節の花というだけではなく、中国では桃の花には魔除けの力があると信じられ、病気や厄を寄せ付けないことから長寿の木として親しまれており、「ひな祭り」に生命力の象徴ともいえる桃の花を飾る習慣ができました。

ひなあられって?

ひな人形を持って外に出掛ける風習があり、外でも食べやすいような小さな形になりました。桃・黄・緑・白の色は1年の季節を表しています。1年間、病気やけがをすることなく元気に過ごせるようにとお願いしながら食べると良いとされています。

７段飾り

ひな人形は天皇陛下の結婚式を模したもので、
それぞれの段にいる人形ごとに意味があります。

1 段目
親王・親王妃
男女のひな人形は、親王と親王妃をあらわし、
天皇陛下と皇后陛下を象徴しています。

2 段目
三人官女
幼い頃から皇后の世話をし、
結婚式のサポートする役割が
あります。お酒を注ぐために
銚子・三方・長柄銚子を持っ
ています。

3 段目
五人囃子
囃子＝楽器と謡（うた）を用
いた能楽の一種で、結婚式を
引き立てる役割を担います（5
人中４人が楽器で演奏し、残
りの１人が謡役）。楽器は太
鼓・大鼓・小鼓・笛。これら
を合わせて四拍子と呼び、謡
は右手に扇を持っています。

4 段目
随臣
右大臣と左大臣のこと。若者
と老人で、雄びなと雌びなを
守護する役割があるため、結
婚式というめでたい席でも弓
矢を持っています。

5 段目
仕丁
結婚式に出席している中で唯
一の庶民です。掃除道具もし
くは外出時の道具を持ってい
ます。仕丁はそれぞれ表情が
異なり、怒り・泣き・笑いを
表し、表情豊かに育ちますよ
うにという願いが込められて
います。

6 段目
嫁入り道具
たんすや食器、化粧道具など、
雌びなが雄びなの家に嫁いだ
後の生活に困らないための道
具を飾ります。

桜・橘
桜は魔除けや邪気払いの効果
があるとされ、橘は冬に花が
咲くことから不老長寿の木と
してあがめられています。

緋毛氈
ひな人形の下に敷かれている赤い布。赤色に
は魔除けの効果があるとされています。

7 段目
御輿入れ道具
天皇陛下などの高貴な人が乗る乗り物のこと。
ひな人形では、お駕籠（かご）や御所車（ご
しょぐるま）を設置します。

※飾り方は地域によって多少異なりますが、ひな人形は女の子の健康と幸せを願うための飾りです。

おひなさま

置きタイプ

入れて
持ち帰ろう!

コロンと
にじみ絵びな

LV. ★★☆☆☆

丸いフォルムがかわいいおひなさまに、にじみ絵のおしゃれな着物を着せました。

台を逆さにして持ち手のリボンを付ければ、持ち帰りに便利です。

作り方

❶障子紙に水性ペンで模様を描き、霧吹きで水を掛ける。

❷丸めたティッシュをフラワーペーパーと❶で包んでマスキングテープを巻く。

❸❷にストローを差して顔を作って貼る。

小さな袋びな

LV. ★☆☆☆☆

ラッピング用の袋がおひなさまに。片段ボールと千代紙を組み合わせた帯がかわいい!

作り方

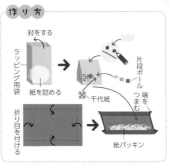

ラッピング用袋

紙を詰める

折り目を付ける

封をする

片段ボール

端をつまむ

千代紙

紙パッキン

\製作のポイント/

**千代紙の
良さを生かす**

千代紙を使うことで、おひなさまの着物らしさがアップします。様々な模様の千代紙を用意し、子どもたちと模様の違いについて話したり、好きな模様を選んだりできるようにしましょう。

紙コップの
おひなさま

LV. ★★★☆☆

かわいい紙コップからのぞく千代紙と、着物
と金屏風が美しい置き飾りです。

作り方

仲良し
おうちびな

LV. ★★★★☆

ペーパー芯に千代紙を巻いて
作ったおひなさまです。

作り方

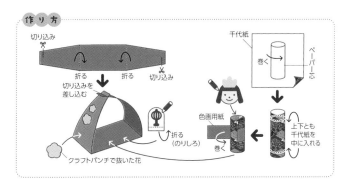

仲良くおうちに
入れましょう

95

紙粘土の
まん丸びな

LV. ★☆☆☆☆

紙粘土にフラワーペーパーを混ぜるとマーブル模様に。きれいな着物のできあがり。

作り方

❶紙粘土にフラワーペーパーを混ぜて丸める。
❷顔を作って貼る。

ころころびな

LV. ★☆☆☆☆

鈴を入れたガチャポンケースにビニールテープや丸シールを貼って作ります。振ったり転がしたりしても遊べます。

遊べる
おひなさまセット

LV. ★★★★☆

空き箱を飾っておひなさまのおうちに。蓋を閉じるとコンパクトになり、持ち帰りにも便利です。

かけ・つりタイプ

しずく形のつるしびな

LV. ★★★★★

立体的にぷっくりしたしずく形がポイントです。
3人官女も作ってつるすと揺れてかわいい♪

作り方

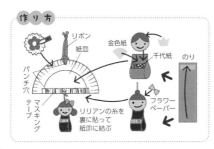

リボン
紙皿
金色紙
千代紙
のり
パンチ穴
マスキングテープ
フラワーペーパー
リリアンの糸を裏に貼って紙皿に結ぶ

さくらんぼ
おひなさま

LV. ★★★★★

丸く切った色画用紙に指スタンプで華やかなおひなさまに。モールを付けて飾りましょう。

作り方

指スタンプ
絵の具
色画用紙
モール
パス

お花の
壁掛け
おひなさま

LV. ★★★★★

帯状の千代紙を貼り合わせてしずく形の体に！ 色画用紙の花や丸シールで飾りましょう。

みんなで仲良し
おひなさま

LV. ★★★★

ウォールポケットに赤やピンク
の色画用紙を入れ、おひなさま
を壁面に飾りましょう。

100円均一で売られているウ
ォールポケットに赤やピンク
の色画用紙を入れ、おひなさ
まを飾っていきます。屋根と
ぼんぼりもプラスして楽しい
雰囲気になります。

クリアファイルの
つるしびな

LV. ★★★★

クリアファイルに千代紙などを挟んで作った
おひなさま。土台につるして飾ります。

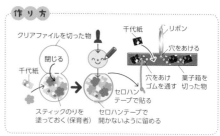

作り方

クリアファイルを切った物

千代紙

閉じる

千代紙

リボン

穴をあける

穴をあけ
ゴムを通す

菓子箱を
切った物

セロハン
テープで貼る

スティックのりを
塗っておく（保育者）

セロハンテープで
開かないように留める

封筒おひなさま

LV. ★★☆☆

プラスプーンにマスキングテープを巻いたおひなさまを封筒のポケットに入れて飾りましょう。いろいろな着物に♪

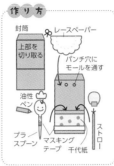

作り方

封筒
上部を切り取る
レースペーパー
パンチ穴にモールを通す
油性ペン
プラスプーン
マスキングテープ
千代紙
ストロー

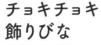

チョキチョキ飾りびな

LV. ★★☆☆

紙帯に切り込みを入れて着物に！ 色紙を巻いたペーパー芯にマスキングテープを貼ろう♪

協助のポイント!

切れ込みの入れ方

色画用紙にマスキングテープを貼っておくことで、切る範囲が子どもにとって分かりやすくなります。

フラワーペーパーのふんわり着物びな

LV. ★★★★

ペーパー芯の体にねじったフラワーペーパーの着物が華やかでかわいいですね。

作り方

❶フラワーペーパーの先をねじる。

❷千代紙を巻いたペーパー芯に❶をマスキングテープで貼る。

❸顔や飾りを作って❷に貼り、片段ボールの筒にモールでつるす。

99

果物ネットのおひなさま

LV. ★★☆☆☆

果物ネットの間から見えるフラワーペーパーの色が
かわいいですね。

作り方

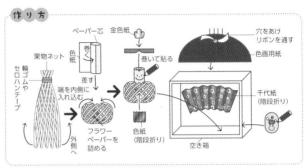

ペーパー芯　金色紙

果物ネット
色紙
輪ゴムや
セロハンテープ

巻く
差す
端を内側に
入れ込む
外側へ

フラワー
ペーパーを
詰める

巻いて貼る

色紙
(階段折り)

穴をあけ
リボンを通す
色画用紙

千代紙
(階段折り)

空き箱

仲良し
ゆらゆらびな

LV. ★★★★☆

丸い色画用紙で作ったかさに
おひなさまをカラフルな飾りとと
もにつるすと、華やかですね。

作り方

四つ折り
にする

折る

開いて
形を
整える

大小2個作る

反対側にも
折り目を付ける

穴をあけ
水引きを通す

結ぶ

セロハン
テープで
貼る

水引き

千代紙
キラキラ色紙

クルクルびな

LV. ★★★★☆

表は半円で作った立体的、裏は
お絵描きのおひなさま。クルク
ル回って両面楽しめます。

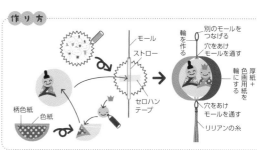

別のモールを
つなげる
穴をあけ
モールを通す

輪を
作る

モール
ストロー

厚紙＋
色画用紙を
輪にする

柄色紙
色紙

セロハン
テープ

穴をあけ
モールを通す

リリアンの糸

↪ 裏は…

\ 飾り方のポイント /

作品の高さを変えて動き
を出しながら、棒やひも
などにつります。お花も
一緒に飾ることで華やか
さもアップします。

紙パックの
仲良しびな

LV. ★★★☆☆

下に付けた刺しゅう糸と
小さな飾りがひらひら揺
れる掛け飾りです。

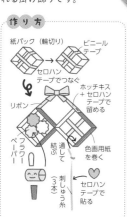

作り方

紙パック（輪切り）　ビニール
テープ

セロハン
テープでつなぐ

ホッチキス
＋セロハン
テープで
留める

リボン

フラワー
ペーパー

色画用紙
を巻く

通して
結ぶ

刺しゅう
糸
（3本）

セロハン
テープで
貼る

扇の
飾りびな

LV. ★★★★★

色画用紙を階段折りにして
扇型に！　扇にすることで
和の雰囲気を更に増します
ね。

作り方

階段折り

布
テープ　モール

千代紙

木工用接着剤
で貼る

木工用接着剤
で貼る

テープ留めし、
リボンで結ぶ

結ぶ

園 行 事

子どもの成長の節目に行なわれる式や会を、心に残るものにするために、園ならではの行事を楽しみましょう。友達同士、異年齢児、保護者、地域の人とのふれあいを楽しめるような機会になってほしいと思います。子どもたちから「○○をつくりたい！」「こうしたらもっとおもしろそう！」と声が飛び交うような保育になればいいですね。

環境・援助のヒント

日常の遊びから展開

運動会で頑張っている友達の応援をしたい、ごっこ遊びからお店屋さんごっこをしたいなど、日常の子ども同士のふれあい・遊びの中から生まれる関わりを大切に、製作につなげましょう。

誰かを思う記念になる日に

ファミリーディ、敬老の日など、家族のふれあいを感じられるように家庭と園をつなげられるような保育に。家族や仲良くしてもらった卒園児に贈るプレゼントを一緒に考えられるといいですね。

入園・進級

入園や進級・卒園は、新しいことが始まるうれしい日であるとともに、子どもたちにとっては、緊張と不安の高まる日でもあります。会場や、保育室には、暖かで優しい色合いの飾り付けをして、少しでも安心感を与えられるよう心掛けましょう。子どもとの会話のきっかけとなるモチーフを取り入れるのもいいですね。

どんどん つながる列車

LV. ★★☆☆

みんなで列車に乗って、一つ上のクラスに進もう！　モールで友達の列車とつないでもいいですね♪

作り方

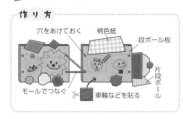

穴をあけておく　柄色紙　段ボール板

片段ボール

モールでつなぐ　車輪などを貼る

虫さん大好き チューリップ

LV. ★★★★

色とりどりのチューリップに、テントウムシやチョウが集まってきたよ♪

作り方

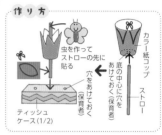

虫を作ってストローの先に貼る

カラー紙コップ

底の中心に穴をあけておく（保育者）

穴をあけておく（保育者）

ストロー

ティッシュケース(1/2)

103

■ ワクワク花列車

カラフルな花を列車に乗せてお祝いに来てくれた
動物たち。新年度のスタートにぴったりの壁面です。

作り方

色紙（1/4）を
半分に折る

セロハンテープ
でつなげる

曲がるストロー
に巻き、
セロハンテープ
で留める

LV. ★★★☆☆

ライオンバスで出発！

LV. ★★☆☆☆

新しいクラスに進級してワクワク・ドキドキの子どもたち。
ライオンバスに乗って園に向かいます！

しんきゅうおめでとう

にゅう

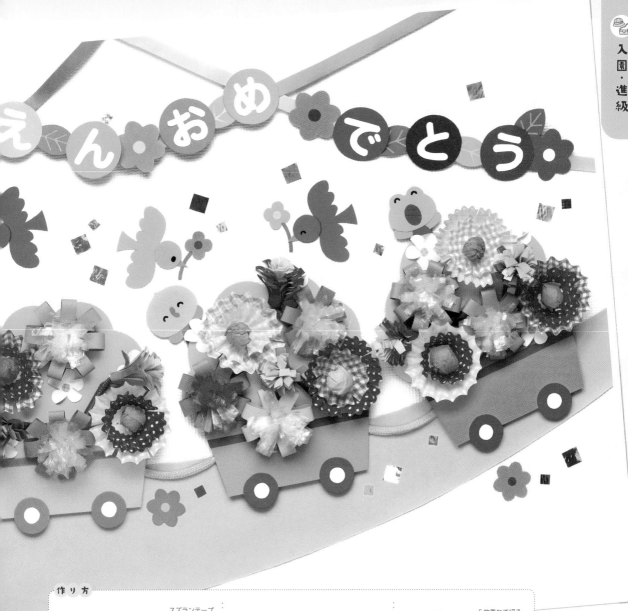

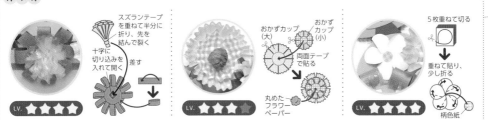

作り方

スズランテープを重ねて半分に折り、先を結んで裂く

十字に切り込みを入れて開く

差す

LV. ★★★★

おかずカップ（大）
おかずカップ（小）
両面テープで貼る

丸めたフラワーペーパー

LV. ★★★

5枚重ねて切る

重ねて貼り、少し折る

柄色紙

LV. ★★★★

誕生日会

誕生日は、一年に一度だけ訪れる特別な日。生まれてきた喜びや、命の大切さを伝えて、園の友達やおうちの方とお祝いをしましょう。生まれ月の行事、花、食べ物などについて話したり、絵本を読んだりするのもいいですね。みんなが作ったプレゼントを贈る、歌やダンスで盛り上げる、保育者の手作りマイクでインタビューに答えるなど、楽しい企画を立ててみてください。

おめでとう！○○くんはおおきくなったらなにになりたいですか？

友達から

いつも一緒に遊んでいる友達から祝われてうれしい！ という気持ちを感じられるような機会をつくりましょう。

花束びっくりカード

LV. ★★★★

二つ折りのカードの表紙は丸シールとレースペーパーで花束のように飾ります。中には大好きな友達の絵が出てきます。階段折りにした色画用紙で浮かせて飛び出させよう。

開くと…

だいすき！

トリさんの小物入れ

LV. ★★★★★

紙パックで作るので丈夫！ かわいいトリの形が、その場を華やかにしてくれます。

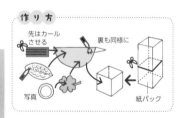

作り方

先はカールさせる　裏も同様に

写真　紙パック

ひも通しの首飾り

LV. ★★★★★

裏にストローを付けたお花の絵やパンチ穴をあけた花型の色画用紙にリボンでひも通しをして、かわいらしく仕上げます♪

おめでとう

フェルトの首飾り

LV. ★★★★★

輪にしたフェルトに穴をあけておき、ストローやビーズと組み合わせたり感触を楽しんだりしながら、ひも通しでネックレスを作りましょう。

| 援助のポイント |

ひも通しをするとき

リボンの先はテープを巻いておき、ひも通しがしやすいように準備をしておきましょう。

飛び出すクラッカー

LV. ★★★★★

ペーパー芯の中に入ったカラフルな紙テープが飛び出します♪

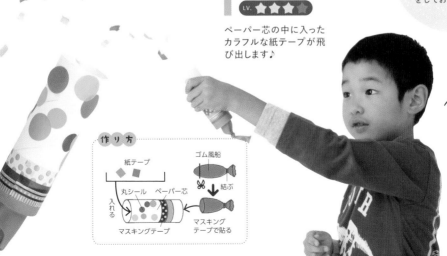

作り方

紙テープ　ゴム風船

丸シール　ペーパー芯

入れる

マスキングテープ

結ぶ

マスキングテープで貼る

おめでとう♪

自分自身に

この一年にできるようになったことや経験したことを取り入れた作品で、一つおにいさん・おねえさんになった喜びを感じられるといいですね。

メダル風ペンダント
LV. ★★★★☆

中央の切り込みが立体的なメダルです。絵を描いて自分にプレゼント♪

作り方

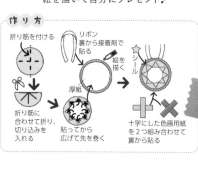

- 折り筋を付ける
- 折り筋に合わせて折り、切り込みを入れる
- ✂
- 厚紙
- 貼ってから広げて先を巻く
- リボン 裏から接着剤で貼る
- 絵を描く
- ☆シール
- 十字にした色画用紙を2つ組み合わせて裏から貼る

紙粘土のキーホルダー
LV. ★★★☆☆

紙粘土にビーズやボタン、木の実などを付けてキーホルダーに!

作り方

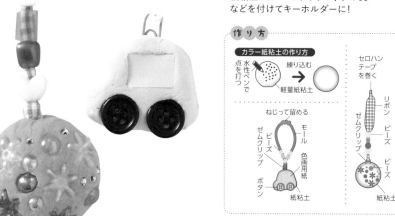

カラー紙粘土の作り方
- 水性ペンで点を打つ
- 練り込む
- 軽量紙粘土

- ねじって留める
- モール
- ビーズ
- ゼムクリップ
- ビーズ
- 色画用紙
- ボタン
- 紙粘土

- セロハンテープを巻く
- リボン
- ビーズ
- ゼムクリップ
- ビーズ
- 紙粘土

製作のポイント

紙粘土の色付け

紙粘土に色を付けるのは、水性ペンか絵の具を使用します。絵の具は少量ずつ使用するようにし、練って色の混ざり具合を楽しみましょう。

保育者から

1日お祝いのバッジを身に着けたり誕生日会で王冠をかぶったりして、一年に一度の誕生日が特別になるような環境や関わりにしましょう。

インタビューマイク

誕生日の友達のために質問を考えたり、マイク越しに応えたり♪ 毎月使うので丈夫さや消毒・拭き取りができることもポイントです！

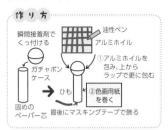

作り方

瞬間接着剤でくっ付ける

ガチャポンケース

固めのペーパー芯

油性ペン
アルミホイル

①アルミホイルを包み、上からラップで更に包む

②色画用紙を巻く

ひも

最後にマスキングテープで飾る

布のお花コサージュ

布やフェルト、ポンポンを組み合わせて作る優しい雰囲気のコサージュです。

作り方

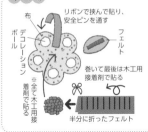

リボンで挟んで貼り、安全ピンを通す

布

デコレーションボール

フェルト

巻いて最後は木工用接着剤で貼る

※全て木工用接着剤で貼る

半分に折ったフェルト

4さいになったの！

|関わり方のポイント|

他クラス・異年齢児との交流

クラスの友達（誕生児）に好きな物などをインタビュー！またコサージュを付けることで、他クラス・異年齢児との関わりにもつながるアイテムになります。

大きなケーキ冠

二つ折りにした色画用紙の冠の土台にケーキを飾ります。レースペーパーを貼ったり、四つ折りにしたフラワーペーパーの中心をねじって花を作って飾ったりして、華やかな誕生児へのプレゼントに！

夏祭り・夕涼み会

　7月から8月にかけて、日本各地でいろいろなお祭りが行なわれます。子どもたちが楽しみにしている夏祭りは、日本の夏の風情を楽しむ行事です。家庭では体験することが珍しくなったおみこしや風鈴、ちょうちんなどの伝統的なものにふれる機会にもなります。「縁日」に並ぶ屋台は子どもたちの楽しみの一つですね。

　また、夏祭りは「夕涼み会」と呼ばれることがあります。夕涼みとは、夏の暑かった一日の夕暮れ、日中の暑さも和らいできた夕暮れ時に戸外で涼をとりながら、夏の夕暮れを楽しむことです。このことから、夕暮れ時に在園児や保護者、地域の人との交流と親睦を深めることを目的に行なっています。

ちょうちん

おばけ
ちょうちん飾り
LV. ★★★★☆

階段折りをした画用紙を丸く切ったり、片方をテープで留めたりしておばけに大変身させましょう！　同じ"赤"でも色の違いがあることに気付けるよう、何色か用意しておくといいでしょう。

\援助のポイント/

階段折りのとき

紙を折ったところはしっかりと押さえるように言葉を掛けましょう。積み上げるように"こんにちは・さようなら"と身近な言葉を使って伝えましょう。

手持ち
おばけちょうちん

LV. ★★★☆☆

スズランテープが涼しさを感じさせる、プラカップのおばけです。

作り方

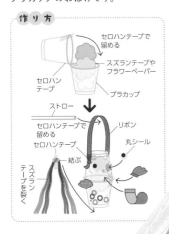

- セロハンテープで留める
- セロハンテープ
- プラカップ
- スズランテープやフラワーペーパー
- ストロー
- セロハンテープで留める
- セロハンテープ
- スズランテープを裂く
- 結ぶ
- リボン
- 丸シール

揺れる
ちょうちん

LV. ★★★☆☆

大きい帽子が特徴的! ひもがゴムなので、揺れるのが楽しいちょうちんです。ストローを持って夏祭りを満喫しましょう♪

作り方

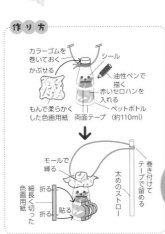

- カラーゴムを巻いておく
- かぶせる
- もんで柔らかくした色画用紙
- シール
- 油性ペンで描く
- 赤いセロハンを入れる
- 両面テープ
- ペットボトル（約110ml）
- モールで縛る
- 折る
- 折る
- 貼る
- 細長く切った色画用紙
- 太めのストロー
- 巻き付けてテープで留める

発達のポイント

園での楽しい経験を…

夏祭りの経験のない子もいます。写真や絵本を見たり、友達から話を聞いたりして興味や関心をもつきっかけをつくりましょう。園での行事として楽しみ、様々な経験につなげていきたいですね。

うちわ

宇宙うちわ

LV. ★★★★

色画用紙を貼り合わせて丸形に。持ち手部分の切り込みを入れて折ると、裏面の色が出てアクセントに！　ロケットのスズランテープが揺れるのがポイントですね♪

裏は…

光にかざすと
キレイなうちわ

LV. ★★☆

トレーシングペーパーを使った見た目にも涼しいうちわ。

裏は…

光にかざしてみよう！

作り方

❶ トレーシングペーパー1枚にフェルトペンで好きな模様を描き、もう1枚にカラーセロハンをのりで貼る。

❷ うちわの骨を挟むように、木工用接着剤で貼り合わせる。

カミナリさまうちわ

LV. ★★★★

でんでん太鼓のように、思わず回転させたくなるうちわです。

作り方

裏に貼る

フラワーペーパー

顔のパーツを貼る（裏も）

セロハンテープ

割り箸をセロハンテープで貼る

厚紙

割り箸にモールをねじり、端を銀色の厚紙で挟んで貼る

ビニールテープを巻く

裏は…

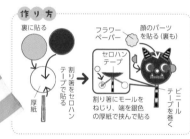

コスチューム

花火のお面

LV. ★★★☆

デカルコマニーで大きな花火に！友達の花火の模様と見比べたり、お面ベルトに貼って身に着けたりして楽しみましょう。

カブトムシにへんしん！

なりきり虫メガネ

LV. ★★★☆

半分に切った紙皿で、カブトムシやチョウに変身♪

作り方

チョウ

フラワーペーパー
モール
レースペーパー

カブトムシ

片段ボール
片段ボール
カッターナイフで切り抜く（保育者）
パンチ穴
半分に切った紙皿
ゴムひもを結ぶ

動物お面＆飾り切りはっぴ

LV. ★★★★

お面は、顔全体が見えるのがポイント！はっぴはカラーポリ袋で簡単にかわいく♪

作り方

はっぴ

カラーポリ袋
布テープで挟んで貼る
スズランテープで留める
透明テープ
透明テープを挟んで貼る
開く
切り取った色紙を貼る
色紙

お面

色画用紙（大・小）
上から重ねて貼る
（小）
重ねて貼る
半分に折り筋を付ける
（大）
階段折り
ベルト

後ろで結んでサイズ調整できます！

後ろ姿は…

※ベルトの作り方は、P.86へ。

113

縁日

わくわく金魚釣り

LV. ★★☆☆☆

ガチャポンケースに丸シールで顔を貼り、四つ折りにしたおかずカップを挟むと金魚に！ 穴にはモールを通し、ひっ掛けを作っておきましょう。

割り箸にひもを結び、ひもの反対側にモールの釣り針をビニールテープで付ければ、簡単釣りざおの完成です。

つれるかな…？

鬼さん的当て

LV. ★★★☆☆

描いた鬼を的に、玉を投げると描いた鬼の的がクルクル回っておもしろい♪

クルクル

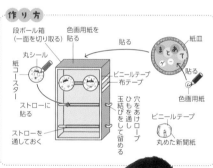

作り方

段ボール箱（一面を切り取る）

色画用紙を貼る

貼る

紙皿

丸シール

紙コースター

ビニールテープ
布テープ

まとあて ゲーム

ストローに貼る

穴をあけロープひもを通し玉結びをして留める

貼る

色画用紙

ストローを通しておく

ビニールテープ

丸めた新聞紙

手作り輪投げ

LV. ★★☆☆☆

なぐり描きとシール貼りの、全て
手作りの輪投げです。

作り方

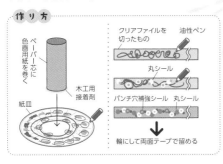

ペーパー芯に
色画用紙を巻く

木工用
接着剤

紙皿

クリアファイルを
切ったもの　油性ペン

丸シール

パンチ穴補強シール　丸シール

↓

輪にして両面テープで留める

好きな物を
"釣ろう"ゲーム

LV. ★★★★☆

子どもたちが作った好きな物を一緒に
釣って楽しみましょう。作った物にゼム
クリップを付けて、釣りざおの先のマ
グネットにくっ付けて遊びます♪

大好きな車が
たくさん！
それぞれの車に
特徴がありますね

作り方

リボン

マグネット

マスキングテープ

ストロー

セロハン
テープ

遠足で行った
動物園の動物を
思い出して
作ったようです

とれたよ！！

わくわく夏祭り♪

LV. ★★★★★

楽しみにしていた夏祭りでは、金魚すくいやたこ焼き屋さん
など、大好きな屋台がいっぱいです。

作り方

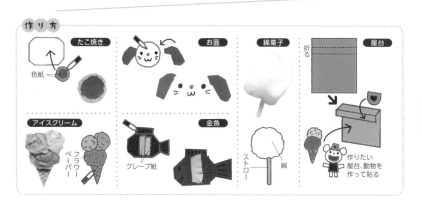

たこ焼き
色紙

お面

綿菓子
折る

屋台

アイスクリーム
フラワーペーパー

金魚
クレープ紙

ストロー
綿

作りたい
屋台、動物を
作って貼る

縁日って?

「縁日」とは神社や寺に
まつってある神仏に何ら
かの縁がある日です。そ
の日に参拝するとたくさ
んのご利益が得られると
いわれています。

おみこし

キラキラ花火みこし

カラフルでお祭り気分になること
間違いなしなおみこしです。

フラワーペーパーで
作った花

おみこしって？

お祭りの主役の「おみこ
し」は、神さまの乗り物の
ことです。「こし」とは人を
乗せて運ぶ乗り物のことで、
神さまが乗るから「みこし」。
そこに「御」をつけて「御
神輿」と呼ぶそうです。

スズランテープ

キラキラテープ

A お絵描き つるし飾り

LV. ★★★★☆

子どものかわいい絵を
つるして、星形の飾りを
アクセントに！

中心に紙管を
差し込んで付ける

段ボール箱

※みこしの土台はどの作
品も保育者が丈夫に作
るようにしましょう。

B 花火の飾り

LV. ★★★☆☆

色画用紙を輪にしたり、トン
ネル貼りにしたり…。子ど
もの個性が出ますね。

長い紙管

作り方

穴をあけ
モールを通してねじる

キラキラ
色紙

モール
ストロー
ビーズ
色画用紙

通しねじる

作り方

❶帯状の色画用紙を輪に
したり階段折りにした
りして台紙に貼る。

❷丸シールを貼っ
てできあがり！

カラフルに
なったよ！

117

クジラみこし

担ぐと潮が揺れたり、つり飾りの鈴が鳴ったりして、思わず笑顔になるおみこしです。

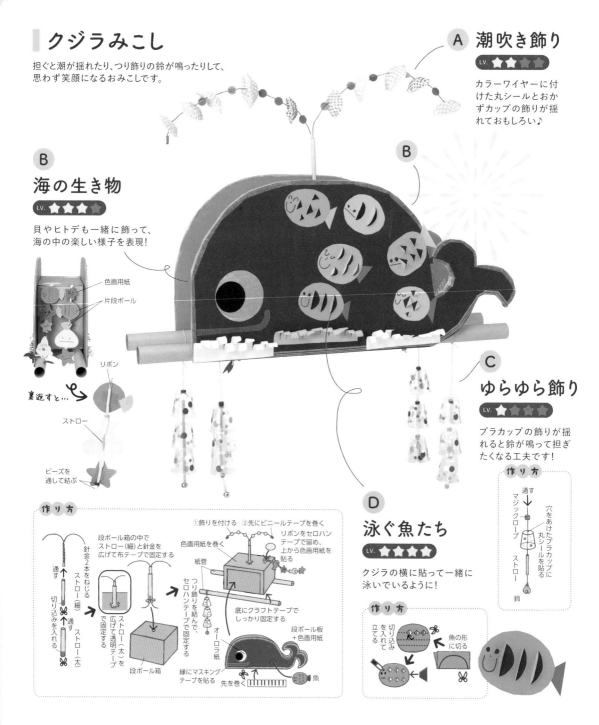

Ⓐ 潮吹き飾り

LV. ★★★☆☆

カラーワイヤーに付けた丸シールとおかずカップの飾りが揺れておもしろい♪

Ⓑ 海の生き物

LV. ★★★★☆

貝やヒトデも一緒に飾って、海の中の楽しい様子を表現!

色画用紙

片段ボール

リボン

裏返すと…

ストロー

ビーズを通して結ぶ

Ⓒ ゆらゆら飾り

LV. ★☆☆☆☆

プラカップの飾りが揺れると鈴が鳴って担ぎたくなる工夫です!

(作り方)

通す

マジックロープ

穴をあけたプラカップに丸シールを貼る

ストロー

鈴

作り方

針金2本をねじる

段ボール箱の中でストロー(細)と針金を広げて布テープで固定する

通す

ストロー(細)

切り込みを入れる

通す

ストロー(太)

ストロー(太)を広げて透明テープで固定する

段ボール箱

①飾りを付ける ②先にビニールテープを巻く

リボンをセロハンテープで留め、上から色画用紙を貼る

色画用紙を巻く

紙管

つり飾りを結んで、セロハンテープで固定する

底にクラフトテープでしっかり固定する

段ボール板＋色画用紙

オーロラ紙

縁にマスキングテープを貼る

先を巻く

魚

Ⓓ 泳ぐ魚たち

LV. ★★★★☆

クジラの横に貼って一緒に泳いでいるように!

作り方

切り込みを入れて立てる

魚の形に切る

元気いっぱいみこし

子どもたちがみんなみこしに乗って元気いっぱい!

A

キラキラ
切り紙つなぎ

LV. ★★★☆

色紙(金銀・1/2)を縦に折って切り、開いた飾りをつなげよう!

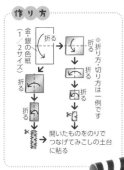

作り方

金・銀の色紙
(1〜2サイズ)

折る / 折る / 折る / 折る

※折り方・切り方は一例です

折る / 折る

開いたものをのりでつなげてみこしの土台に貼る

B

浴衣を着た
子どもたち

LV. ★★★★

ペーパー芯と色紙や千代紙を使って浴衣を着た自分自身を作ろう。

作り方

色紙 / 折る / のり / のり

ペーパー芯の長さ / ペーパー芯 / 巻く

フラワーペーパーをねじる

色紙を巻く

みこしの土台

スズランテープ

ねじりながら貼る

両面テープ

作り方

みこしの屋根

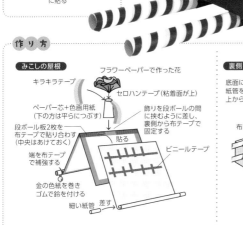

キラキラテープ

フラワーペーパーで作った花

セロハンテープ(粘着面が上)

ペーパー芯+色画用紙
(下の方は平らにつぶす)

段ボール板2枚を布テープで貼り合わす
(中央はあけておく)

端を布テープで補強する

金の色紙を巻きゴムで鈴を付ける

細い紙管

飾りを段ボールの間に挟むように差し、裏側から布テープで固定する

貼る

ビニールテープ

差す

裏側(箱の底面)

底面に穴をあけ、結束バンドを通し紙管を締めてしっかり固定し、上から布テープを貼る(4か所)

結束バンド

布テープ

みこしの土台

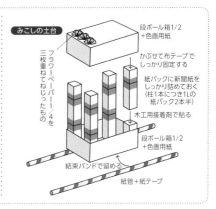

段ボール箱1/2
+色画用紙

フラワーペーパー1/4を三枚重ねてねじったもの

かぶせて布テープでしっかり固定する

紙パックに新聞紙をしっかり詰めておく
(柱1本につき1Lの紙パック2本半)

木工用接着剤で貼る

段ボール箱1/2
+色画用紙

結束バンドで留める

紙管+紙テープ

運動会

毎日練習してきた競技や、お遊戯などの成果が出せるようにしましょう。子どもたちの成長を感じられるいい機会です。最後まで取り組めるように、また、友達の応援も精一杯できるように、ことばがけをしていきましょう。応援グッズを作って、一緒に元気な声を出すことで、クラスの一体感が生まれますね。

クラス旗

みんなでお絵描き
クラス旗

LV. ★★★★☆

クラス名にちなんだモチーフなどを、フェルトや布を組み合わせて作りましょう。旗の不織布に薄く溶いた絵の具をのせるのもポイントです。

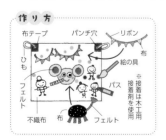

作り方

布テープ　パンチ穴　リボン
ひも　　　　　　　　　　布
フェルト　　　　　　　絵の具
　　　　　　　　　　　　パス
　　　　　　　　　　※接着剤は木工用
　　　　　　　　　　　接着剤を使用
不織布　布　　　フェルト

ゾウぐみの「ゾウ」がまんなかだね！

ここにかくね！

フラッグ

デカルコマニー フラッグ

LV. ★★☆☆☆

絵の具の色の組み合わせや
模様を楽しみましょう♪

作り方

絵の具（片側だけにのせる）

折り筋

開く

閉じる

こする

階段折り

カールさせる

柄色紙

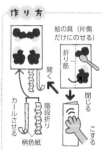

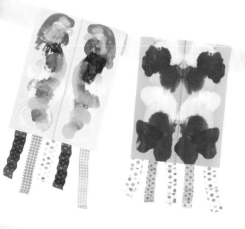
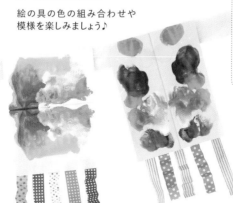

楽しい 万国旗♪

LV. ★★★★★

図鑑や写真を見たりして、いろいろな国をイメージして絵を描きましょう。

なぜ万国旗を飾るの？

運動会といえば青空に万国旗。明治初期に、日本に入港する船舶が、友好の証として自国の国旗と日本の国旗を掲げていました。この頃から万国博覧会では、参加する各国の国旗が掲げられていました。このような イメージから華やかなイベントの象徴として運動会にも万国旗が掲げられるようになったようです。

子どもたちと万国旗を作ることで、世界のいろいろな国を知るきっかけになればいいですね。

メダル

エンブレム風メダル

クラフトパンチを使ったり、柄色紙で飾ったりして簡単に作ることができます。

紙皿のトロフィーメダル

トロフィー形に切ったキラキラ色紙を貼ることで、立体的で華やかなメダルに。

作り方

リボン　のり　柄色紙　紙皿
☆　☆
ホログラム色紙
柄色紙を貼ってから貼る

作り方

ストロー　リボンを通す　両面テープ　巻く　ストロー　セロハンテープ
柄色紙　キラキラテープ　リボン

配慮のポイント

安全に楽しむために

首から掛けるネックレスは引っ掛からないように、先をストローに通すなど、首がしまらない工夫をします。

長さの調節もできて便利です！

きらりんメダル

キラキラ輝くメダルに、子どもたちも大喜び♪

作り方

リボン　キラキラテープ　裏からセロハンテープで貼る　ホッチキス　布テープ　工作紙（金）

王冠メダル

LV. ★★☆☆☆

お花のようなメダルの真ん中には、かっこいい王冠が光ります。

作り方

柄付き紙コップ
切り込みを入れて開く
金色紙
半分に　折る
中央に貼って丸シールとマスキングテープで装飾
セロハンテープでカバー
丸シール

122

応援グッズ

にこにこ
マラカス

LV. ★★★★☆

スズランテープのカラフルな
髪がポイント!

作り方

巻く → スズランテープで
ポンポンを作る

間にスズランテープ
を通し、両端をボトル
キャップに入れる
(内側に接着剤を
多めに付けておく)

閉める

乳酸菌飲料の
空きボトル・キャップ

ドングリ

油性ペン

丸シール

マスキングテープ

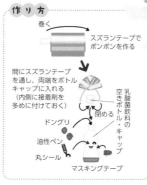

鳴らして
みよう♪

ワニさん
カスタネット

LV. ★★★☆☆

紙パックとペットボトル
のキャップで、簡単にカ
スタネットができます。

作り方

折る

顔のパーツを貼る

キリで穴をあけ、
ゴムを通して
結ぶ(保育者)

内側にボトル
キャップを
マスキング
テープで貼る
(2か所)

ペットボトル
メガホン

LV. ★★★☆☆

ペットボトルの形がメガホン
にぴったり! 自分や友達の
絵を描いて応援しましょう♪

作り方

リボン

油性ペン

シール

マスキング
テープ

底を切り取った
ペットボトル
(1.5ℓ)

配慮のポイント

安全に楽しむ
ために

メガホンは他の人の耳
に当てて大きな声を出
してはいけないことを
伝えましょう。

がんばれ〜

123

プログラム

玉入れ プログラム

LV. ★★★☆☆

丸シールと絵の具のスタンプを玉入れの玉に見立てて楽しみましょう。

開くと…

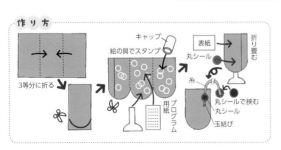

ロケット プログラム

LV. ★★★★☆

自分や友達の絵をロケットにのせよう！ 窓からのぞく絵もポイント。

開くと…

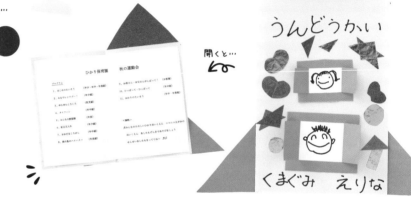

うちわ プログラム

LV. ★★★★☆

色画用紙や柄色紙などで作った子どもたちの作品をうちわに貼りましょう。

親子ふれあい運動会

裏返すと…

作り方

3等分に折る

キャップ
絵の具でスタンプ
プログラム用紙

表紙
丸シール
折り畳む

糸
丸シールで挟む
丸シール
玉結び

動物プログラム

LV. ★★★★★

模様の入った柄色紙がアクセントに。
口を開けると楽しみにしている運動
会のプログラムが!

作り方

- 上半分に
のり付け
- ペンで
描く
- 柄色紙
- 色画用紙
- 色画用紙
- フラワー
ペーパー
- 折り曲げる
- のり
- プログラム
を貼る
- 色画用紙

テントウムシ
プログラム

LV. ★★☆☆☆

子どもたちの作ったかわいい
テントウムシの羽がパッと開
く、開閉式のプログラム。テン
トウムシの星に見立てた文字
がかわいいですね。

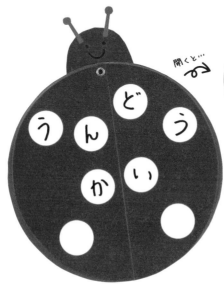

開くと…

作り方

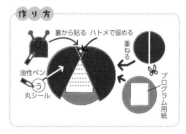

- 裏から貼る
- ハトメで留める
- 重ねる
- 油性ペン
- 丸シール
- プログラム用紙

お店屋さんごっこ

作ったり遊んだりすることができて、盛り上がること間違いなしのお店屋さんごっこ。クラスの子どもたちとテーマや作りたい物を考えたり、イメージを形にしたりと、相談しながら作りましょう。本物みたいに作る子ども、イメージを膨らませて空想の物を作る子どもと様々です。図鑑や絵本を用意するなど、子どもそれぞれに合った援助を工夫しましょう。

お寿司屋さん

握り寿司に軍艦巻き、細巻きなどのメニューが豊富で作る過程も楽しめます。
はっぴにはちまきのコスチュームできまり！

いらっしゃい！
へい！

ぐんかんまき、いっちょあがり！

ショーケース

LV. ★★★☆

ペットボトルの中に発泡トレイを入れてネタを飾ります。

寿司メニュー
LV. ★★☆☆☆

段ボール板に様々なメニューを
書いて、木の札風に。

のれん
LV. ★★★☆☆

「すし」の文字を描いた布ののれんに、
色画用紙で作った魚介類を貼ります。

シャリ
LV. ★★☆☆☆

本物みたいに握って作れる
ところがポイント!

作り方

❶細かくちぎったトイレッ
トペーパーを桶に入れ、
水を少量加える。

※桶は洗面器に段ボール板
を巻き付け、両面テープ
で貼る。

 →

❷しっかりとこねる。

↓

❸適量を手に取り、
握れば完成!

シャリの
できあがり!

玉子・マグロ・
イカ
LV. ★★☆☆☆

発泡トレイにビニールテー
プを巻きます。シャリの上に
のせればできあがり!

LV. ★★☆☆☆

シャリを黒画用紙で巻きます。少し水を付
けてフラワーペーパーを丸めるとイクラに。
ちぎってネギトロに。ネギは色紙で!

軍艦巻き
（イクラ・ネギトロ）

LV. ★☆☆☆☆

握ってくしゃっとさせたフラワー
ペーパーを乗せるだけでOK!

カニ・エビ
LV. ★★☆☆☆

発泡トレイに油性ペンで色を塗ったり、
ビニールテープを貼ったりします。ツメ
やしっぽは色画用紙で。

はっぴ

LV. ★★★☆☆

シンプルな形ですが、黒いラインが
板前さんにぴったり!

作り方

両面テープ
で貼る

布テープ

ポリ袋

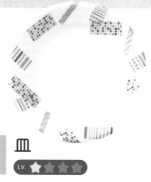

皿

LV. ★☆☆☆☆

紙皿をマスキングテープで装飾。和柄
にするとお寿司屋さんらしくなりますね。

わさび

LV. ★☆☆☆☆

わさびも用意して本格的に!
ちぎったフラワーペーパー
に水を入れるだけ。

おすまし

LV. ★★★★☆

アサリのすまし汁です。綿を
湯気に見立てて熱々に。

作り方

綿

筒状に巻いた色紙

折る

ポリ袋

発泡スチロールのおわん

お茶

LV. ★☆☆☆☆

湯のみは絵を描いた色画用紙をプラ
カップに巻いて作ります。中にフラ
ワーペーパーのお茶を入れて。

細巻き（鉄火・キュウリ）

LV. ★★★☆☆

具材をクルクルと巻いて本格的に。最後にはさみでチョキン
と切れば、おいしそうな細巻きの完成!

作り方

色画用紙を筒状に巻いたもの

発泡シート

黒色紙（裏面）

❶黒色紙と発泡シートを
　重ねる。

❷巻いてのりで貼る。

❸はさみで切る。

おまちどお
さま!

スイーツ・お菓子屋さん

みんなが大好きなアイスクリームやチョコレート、駄菓子などでお菓子屋さんに！
身近な素材で食べたい物を作って、友達とのやりとりを楽しみましょう。

アイスクリーム屋さん

カラフルでおいしそうなアイスクリームが
並びます。どの味にしようか
迷ってしまいそうですね。

カップアイス

LV. ★☆☆☆☆

アイスの味を考えながら、
丸めたフラワーペーパーを
カップの中に入れましょう！

作り方

コーン

紙パックを
切ったもの
輪ゴム
絵の具を付けて
スタンプ
果物ネット
巻いて貼る
のり

アイスクリーム

柄の色紙
フラワーペーパー
包む
トイレットペーパー
を丸める

ディッシャー

ゼリーなどの
空き容器
セロハンテープで貼る
割り箸
アルミホイルで全体を包む

いらっしゃいませ！
どのあじにしますか？

援助のポイント

やりとりを楽しむ

低年齢児には保育者が
仲立ちとなって、子ど
も同士がやりとりでき
るようにしましょう。

アイス
クリーム・
コーン

LV. ★★★☆☆

真ん丸のカラフルでおいし
そうなアイスクリームをコー
ンにのせて…パクリ！

遊び方

ディッシャーでアイスを
すくって…

コーンにのせます。

ディッシャー

LV. ★★☆☆☆

アイスクリーム屋さんには欠かせ
ない、本格的なアイテムです！

いろいろ　ばなな　いちご　ちょこ

チョコレート屋さん

みんな大好きチョコレート。
色とりどりのラッピングが
雰囲気を盛り上げてくれそうです。

デコレーションチョコ

LV. ★★★☆☆

ペットボトルのキャップを色紙で包んで、
トッピング！　様々なトッピングを考え
て作りましょう。

シェフの帽子

LV. ★★★★☆

身近な素材で作れるのがうれしい、
本格派の帽子です。

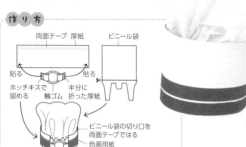

作り方
- 両面テープ　厚紙
- ビニール袋
- 貼る
- 貼る
- ホッチキスで留める
- 輪ゴム
- 半分に折った厚紙
- ビニール袋の切り口を両面テープではる
- 色画用紙

トリュフチョコ

LV. ★★★☆☆

コロコロするだけで簡単！　丸いフォルムがかわいらしい、
子どもたちが大好きなトリュフです。

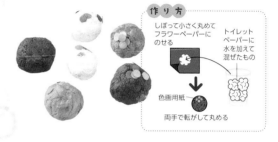

作り方
- しぼって小さく丸めてフラワーペーパーにのせる
- トイレットペーパーに水を加えて混ぜたもの
- 色画用紙
- 両手で転がして丸める

飾ってみよう！

ラッピング

LV. ★★★☆☆

箱に入れたり、ラッピング袋に
入れたりしてみよう！　プレゼン
トにピッタリですね。

トリュフセット

LV. ★★★☆☆

ピックを添えて…トリュフセッ
トの完成です。コーヒーフ
レッシュの空き容器で脚を
付けておしゃれに！

作り方
- フラワーペーパーで作ったチョコレート
- ピック
- セロハンテープ
- 両面テープで貼る
- コーヒーフレッシュ

ショーケース

LV. ★★★☆☆

チョコレートを高級で華や
かに見せてくれるすてきな
アイテムです。

作り方
- ペットボトルのキャップにアルミホイルを巻き両面テープで貼る
- 透明のプラスチック容器
- レースペーパー
- 両面テープで貼る
- カラー紙皿
- プラスチック容器

駄菓子屋さん

みんなが大好き駄菓子屋さん。
スナック菓子、キャンディなど
おいしいものがたっくさん！
たこせんや小さなチョコも
駄菓子屋ならではのお菓子ですね♪

スナック菓子

LV. ★★☆☆☆

紙テープをねじって自由な形を作り
ましょう！　カラフルなお菓子が見え
るラッピング袋に入れるとワクワク
気分倍増です。

作り方

封筒　→　切り取る

ティッシュペーパーを入れておく　折る　透明フィルムをかぶせて、四辺をマスキングテープで留める

プレッツェル

LV. ★★☆☆☆

ストローに色紙を巻いて留
めるだけで、プレッツェルに。
空き箱に絵を描いた紙を
貼ったらできあがり。

キャンディ

LV. ★★★☆☆

にじんだ様子がキャンディに
ピッタリ。

作り方

水性ペン　透明の袋
画用紙　ストロー　裏から貼る　水　モール

たこせん

LV. ★★★★☆

ソースをかけてのりを散らすのが楽しそう。

作り方

絵の具と水のりを混ぜたもの　色画用紙
ドレッシングボトル　ふりかける
段ボール板に色画用紙を貼ったもの　フラワーペーパー

チョコレート

LV. ★★★☆☆

小さい箱に、描いた絵を
巻いて作ります。

作り方

巻いて貼る
色画用紙　小さめの箱（ホッチキスの芯の箱など）

あまくておいし〜い！

131

森のレストラン

森の雰囲気がすてきなレストランは、
思わず目を引くメニューがいっぱい!
自然物も一緒に飾って、
店員さんになりきりましょう♪

メニュー表

LV. ★★★☆☆

半分に切ったコルク栓の切り込みに
差して立てます。

援助のポイント

子ども同士で考えて

活動する中で話し合った
りイメージを膨らませた
りしながら、楽しく作れ
るようにしましょう。

マツボックリや木の実、
小枝をプラスして森の
雰囲気を演出。

紙テープや和紙ひもに色
画用紙で作った葉を付け
て、クルクルと巻きなが
らディスプレイします。

帽子

LV. ★★☆☆☆

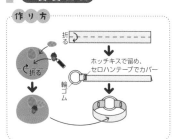

作り方

折る

折る

→ ホッチキスで留め、
　 セロハンテープでカバー

輪ゴム

エプロン

LV. ★★★☆☆

作り方

カラーポリ袋　マスキング
　　　　　　　テープ

リボンを
背面に貼る

マスキング
テープ　　　　　　　封筒

おいしいケーキも
ありますよ!

132

ペーパーストロー

英字新聞

片段ボール

フラワーペーパー

段ボール板

オードブル

LV. ★★★☆☆

大きな葉っぱのお皿にカラフルなオードブル。クラッカーに見立てた段ボール板に様々な具材がのっていておいしそう!

調味料

LV. ★★☆☆☆

乳酸菌飲料のボトルに片栗粉と食紅を入れます。蓋に穴をあけるとより楽しめます。

穴をあけておく

ロールケーキタワー

LV. ★★★★☆

カラフルなロールケーキは、タワーのように積み重ねると華やかさがアップ!

仕上げにのりを混ぜた絵の具を掛けて、できあがり!

作り方

切ったペーパー芯に①②③を巻き、フラワーペーパーを詰める

①柄色紙+プチプチシート　②柄色紙　③片段ボール+柄色紙

紙粘土に絵の具を練り込んだもの

ドングリや小枝

ペーパーストロー

紙皿

紙ナプキン　レースペーパー

グラタン

LV. ★★☆☆☆

空き箱に白色ポリ袋を敷き詰め、小さく切った片段ボール、段ボール板、フラワーペーパーなどを散らします。

サラダ

LV. ★★★★☆

色画用紙で作ったキャベツやキュウリなどを器に盛り付けます。キノコを貼ったフォークを差して、できあがり!

コーヒーサイフォン

LV. ★★★★☆

キラキラテープ

ペットボトルを切った物同士をセロハンテープでつなげる

持ち手のように切った発泡トレイ

黒色ポリ袋と木の実を詰める

本物みたいなアイテムが、お店屋さん気分を盛り上げてくれます。

ジュース

LV. ★★★☆☆

筒状にした色画用紙

きれいな色のジュースは葉っぱのコースターにのせて、召し上がれ♪

細長く切ったクリアファイル

スズランテープ、プチプチシート、フラワーペーパー

透明容器を組み合わせる

おもちゃ屋さん

楽しいおもちゃが大集合！
本物みたいなレジで
お店屋さんになりきりましょう。

■ ボックスカー

LV. ★★★☆

様々な大きさの空き箱を使ったり、素材を組み合わせたりして、おもしろい車を作ろう。

＼製作のポイント／

用意する素材

いろいろな素材や形の物を用意しておくと、子どものイメージがどんどん膨らみます。初めに全部出すのか、徐々に出していくのかは子どもたちの様子を見て、素材を用意しましょう。

作り方

カッターナイフで切り込みを入れて立ち上げる（保育者）

空き箱

■ お絵描きパズル

LV. ★★★☆

段ボール板に描いた絵を幾つかのパーツに切り分けるとパズルのできあがり♪

■ おはなし始まるよ♪

LV. ★★★★

色画用紙を円柱形にした体に顔や手を貼って、人形を作ります。物語の登場人物にすると、遊びが広がりそうです。

作り方

カッターナイフで切り込みを入れて立ち上げる

口は折り畳む

紙パック

自由に装飾

■ コロコロ迷路

LV. ★★★☆

箱の蓋にストローやボトルキャップをマスキングテープなどで貼ってコースを作ります。アルミホイルを丸めた玉を転がしたり、振り上げてキャップの中に入れたりして遊びましょう。

もうすこしで
はいりそう…！

看板

LV. ★★★☆☆

友達と話し合ったり考えたり
しながら、一緒に作りましょう。

おもちゃや さん

¥300

手回しこま

LV. ★★★★☆

紙パックの底とストローで簡単
にこまが作れます。

回すと…

作り方

中央にセロハン
テープで貼る

油性ペン

ストロー

切り込みを
入れて開く

紙パックの底

¥300

レジスター

LV. ★★★★★

キーを押したり、お金を
出したり入れたりできる
ところが楽しいポイント!

引き出しを開けると…

ピッ!
300えんです!

作り方

切り取る
（反対側も）

クラフトテープ
で留める
（反対側も）

段ボール箱

＜裏＞

クラフト
テープで
つなぐ

Ⓐ

Ⓑ

段ボール板＋色画用紙

厚紙

¥300

Ⓐ 面に貼る

Ⓐ

Ⓑ

スポンジ
カッターナイフ
で切る（保育者）

1

クラフトテープ
で留める
（反対側も）

差し込む

自由に飾る

10 30

仕切りが入った
お菓子の空き箱

アクセサリー屋さん

憧れのアクセサリー屋さんができました。
たくさん種類があるほど、選ぶ楽しさが増えますね。

おしゃれ ブレスレット

LV. ★★★☆☆

ペーパー芯やペットボトルを
腕輪に！ 飾ってブレスレット
や時計にして身に着けよう！

作り方

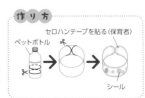

セロハンテープを貼る（保育者）
ペットボトル
シール

キラキラ指輪

LV. ★★☆☆☆

ドレッシングの内栓を利用す
るので、とっても簡単！ 使う
ビーズや貼り方次第でオリジ
ナルの指輪が完成。

作り方

指輪
ビーズ
スパンコール
ドレッシングの内栓
木工用接着剤で貼る

土台
（保育者）
スポンジ
色画用紙
円柱形を2本作る

ネックレス

LV. ★★☆☆☆

ペットボトルの輪切りで作るので、透明感
のある仕上がりに！ 飾る台を用意する
といいですね。

作り方

ネックレス
ペットボトル
パンチで穴をあける
マスキングテープを貼る
リボン
ビーズ

土台
〈裏〉
段ボール
縁に布テープを貼る
穴をあけモールを内側から布テープで貼って固定
モールのフックに引っ掛けて飾る
〈表〉
色画用紙を貼る

カラフル 手鏡

LV. ★★☆☆☆

本物の鏡のように自分が
映り込み、着飾った自分が
映って気分もアップ！

作り方

カラーセロハン
丸シール
貼る
ミラーシート
ペットボトル
色水

チクタク腕時計

LV. ★★★★★

実際にモールの針が動く腕時計。ペーパー芯の腕輪が子どもたちの腕にぴったりです。

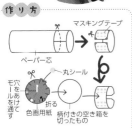

作り方

マスキングテープ

ペーパー芯

モールを穴をあけて通す　丸シール　折る　柄付きの空き箱を切ったもの　色画用紙

透明ポシェット

LV. ★★★★★

クリアファイルで作る透明バッグは、中が透けてとってもおしゃれ。

作り方

クリアファイル
パンチ穴補強シール
リボンを結ぶ
（裏面）
（表面）
ビニールテープ
油性ペン

裏は…

本物みたいに背負えます

フラワーメガネ

LV. ★★★★★

ペーパー芯を切ってビニールテープで厚紙のフレームに貼ると、耳にかけられます!

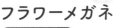

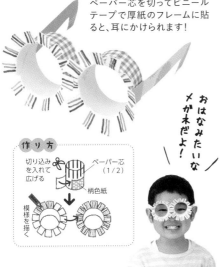

作り方

切り込みを入れて広げる　ペーパー芯（1/2）　柄色紙

模様を描く

おはなみたいなメガネだよ!

動物リュックサック

LV. ★★★★★

紙袋がリュックサックに大変身!大きな動物がポイントで、本物のように背負うことができます。

作り方

紙袋（持ち手は取る）　折る
木工用接着剤
布テープ
木工用接着剤で貼る

かっこいいでしょ!

137

ファミリーディ

いつもみんなのために仕事を頑張ったり、お世話をしてくれたり、たくさん遊んでくれたりする、お父さん、お母さん、おじいちゃん、おばあちゃん。大好きな家族に「ありがとう！」の感謝の気持ち・思いを伝えられる機会やプレゼントを作りましょう。「母の日」「父の日」は子どもたちの家庭環境を考慮し、家族に感謝する気持ちを伝える日「ファミリーディ」とするなどの配慮をしましょう。

母の日

昔、アメリカで、亡くなった母親を追悼しようと教会で母親が好きだった白いカーネーションをみんなに配ったことが人の心を打ち、お母さんに感謝の気持ちを込めて赤いカーネーションを贈る習慣が広がりました。日本でもキリスト教会を通じて全国的に広まり、5月の第2日曜日が母の日になりました。

父の日

昔、アメリカのキリスト教会で母の日のお祝いに参加していた子どもが「お母さんの日があるのに、なぜお父さんの日がないのだろう？」と疑問に思い、牧師さんに相談し父の日を開催したことがきっかけ。父親の誕生日に準備が間に合わず延期となり、6月の第3日曜日に開催。それがそのまま定着し、父の日となりました。幸せや向上など黄色の持つ意味と「父を尊敬する」意味や海外の花を送る習慣と結び付き、黄色いバラを送ることが定番となりました。

敬老の日

昔、聖徳太子が身寄りのないお年寄りたちが集まって住めるように悲田院という施設を建てた、という話しがお年寄りを敬う「敬老の日」のもとになったといわれています。「長年に渡り、社会のために働いてきた老人を敬愛し、長寿を祝う日」として9月15日を敬老の日と決めていたのですが、近年は9月の第3月曜日となり、3連休になることからシルバーウィークといわれています。

おじいちゃん、おばあちゃんたちを敬い、大切にし、「元気で長生きしてね」と長寿を願う日です。

花・花束

ありがとう

花かご メッセージ カード

LV. ★★★☆☆

モールの持ち手が付いたかわいい
メッセージカードです。

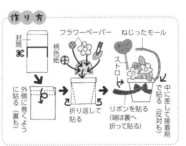

封筒 ✂
フラワーペーパー　柄・色紙
ねじったモール
ストロー

外側に巻くよ
うに貼る（裏も）

折り返して
貼る

中に差して接着剤
で貼る（反対も）

リボンを貼る
（端は裏へ
折って貼る）

開くと
ハートの形に

花束♡ カード

LV. ★★★☆☆

閉じると「花束」、開くと
「ハート」になるかわ
いらしいカードです。

作り方

色画用紙
開く
貼る
色画用紙
貼る
シール
折る
裏側
色画用紙

貼る
シール
貼る
色画用紙
柄・色紙を貼る

作り方

花

折る — 障子紙

❶障子紙を折って
切る。

❷障子紙の周囲を薄めの絵の具を付け
た筆で塗り、乾かす。一つの花につ
き、3〜5枚用意する。

障子紙
ねじる
モール
穴をあける
差す

❸モールを中央に
差して、ビニー
ルテープを巻い
て留める。

❹花を二つ用意し、
容器に差したらで
きあがり！

容器

クリアファイルを
切ったもの

ありがとう

両面テープ

フラワー
ペーパー

マスキングテープ
ペットボトルを
切ったもの

巻く　丸シール

きれいな
おはなができたよ！

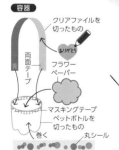

ありがとう

染め紙花の アレンジメント

LV. ★★★☆☆

染め紙ならではの色合いがき
れいなお花のできあがり！

139

小物入れ

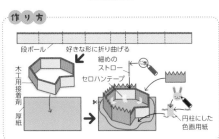 作り方

ティッシュペーパーを
カラーセロハンで包む

綿

色画用紙で蓋とつなげる

木工用接着剤

紙テープ

片段ボール

フラワーペーパー

レースペーパー

カラー工作紙

蓋を
開けると…

ケーキボックス

LV. ★★★★☆

片段ボールを使ったケーキにクリームや
フルーツがのって、おいしそう!

ウッディな
小物入れ

LV. ★★★☆☆

アイスの棒や木のスプーンに
絵や模様を描いて、紙コップ
に飾り付けましょう。

森の
小物入れ

LV. ★★★★☆

ストローに貼った絵を好
きな所に差して飾って、に
ぎやかに♪

作り方

段ボール　　好きな形に折り曲げる

木工用接着剤

厚紙

細めのストロー

セロハンテープ

円柱にした
色画用紙

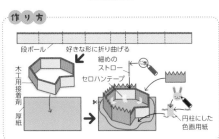

ペン立て

作り方

ペーパー芯（白色）
ペーパー芯（茶色）
様々な長さを用意する
柄色紙
木工用接着剤で貼る
カールさせる
フラワーペーパー
段ボール板＋色画用紙

アニマルペン立て

LV. ★★★☆☆

ペーパー芯で作った動物たち。高さに合わせて入れる物を分けられます。

ロボットペン立て

LV. ★★★★☆

マチもあるので容量たっぷり。メガネ入れやスマートフォンスタンドとしても使えます！

作り方

紙パックを切り、色画用紙を貼っておく。

❶紙パックを横に広げて、折り筋を付ける。

❷顔や手などを作って貼る。

キラキラロケットペン入れ

LV. ★★★★☆

ペットボトルの凹凸をペンでなぞって模様を描いたり、色を塗ったりするのが楽しい！

作り方

側面の一面を切り抜いたペットボトルにアルミホイルを敷き、切り口にキラキラテープを貼っておく。

❶油性ペンで色を塗ったり模様を描いたりする。

❷ボトルキャップの上からおかずカップをかぶせ、モールで留める。

141

フォトフレーム

畳める フォト フレーム

LV. ★★☆☆☆

紙パックで作った置き型フレームは、写真の差し替えも簡単にできます。

裏側は…

リボンで結べば
プレゼントに
ぴったり！

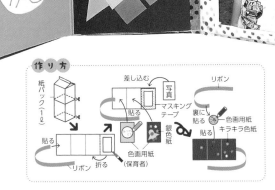

作り方

紙パック（1ℓ）

貼る

差し込む

写真

マスキングテープ

貼る

銀色紙

貼る

色画用紙（保育者）

折る

リボン

リボン

裏に貼る

色画用紙
キラキラ色紙

貼る

すきすき
さとし

ボックスフレーム

LV. ★★★★☆

階段折りやクルクルと巻いた色画用紙を詰めて、箱の周りをすてきにデコレーション☆

作り方

丸めたり、階段折りにしたりする

工作紙

丸めたフラワーペーパー

大小の二つの箱を作り、重ねて貼る

立体的に貼る

透明パックの フレーム

LV. ★☆☆☆☆

中に貼った毛糸やカラーセロハンが重なり合って、すてきな模様ができあがります。

作り方

❶ランチパックにスティックのりを塗り、毛糸やカラーセロハンを付ける。

❷別のパックを上に重ね、セロハンテープで縁を数か所留め、リボンを付ける。

パパ
だいすき！

毛糸のぐるぐる
フレーム

LV. ★★★★★

発泡トレイに毛糸などをぐるぐる
巻いて楽しく作れます。

保護者の準備

縁に丸シール
を貼り、切り込みを
入れておく

発泡トレイ

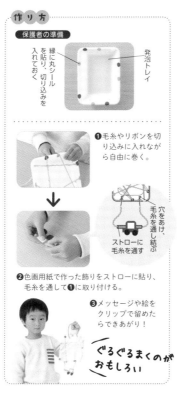

❶毛糸やリボンを切
り込みに入れなが
ら自由に巻く。

穴をあけ、
毛糸を
通し結ぶ

ストローに
毛糸を通す

❷色画用紙で作った飾りをストローに貼り、
毛糸を通して❶に取り付ける。

❸メッセージや絵を
クリップで留めた
らできあがり！

ぐるぐるまくのが
おもしろい

もこもこ
フォトフレーム

LV. ★★★★★

紙粘土で飾るので、形や色、組み合わ
せなどでオリジナルの飾りができます。

チェーンリング

ボタン

木工用
接着剤で
貼る

写真を
貼る

色画用紙

水性ペンで
色を付けた
紙粘土

木工用
接着剤で貼る

段ボール板

木の
フォトフレーム

LV. ★★★★★

厚紙に幹の片段ボールを半立
体に貼るのがポイント！　置い
ても壁に掛けても飾れます。

① 厚紙を色画用紙で
包む

色画用紙

色画用紙

裏から貼る

（保育者）

貼る

② 折る

折る

②を繰り返して
じゃばら状に

じゃばら状の
上に貼る

折ったもの

写真

色画用紙

片段ボール

カード

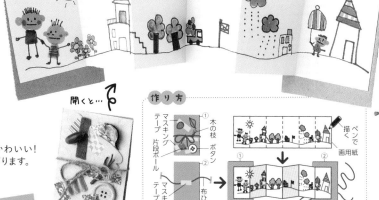

ナチュラル カード

LV. ★★★★

自然物を使った表紙がかわいい！
開くとお話の世界が広がります。

開くと…

作り方

木の枝
マスキングテープ
片段ボール
ボタン
①
② マスキングテープ
布ひも

① ペンで描く 画用紙
②

ありがとう
ゆか

クラッカーの 飛び出すカード

開くと…

LV. ★★★★

渦巻きに切った色画用紙がポイント！
立体的で華やかになります。

作り方

❶渦巻きに切る。

❷❶の内側と外側にのりを付けて画用紙に貼り、閉じて手でこする。

❸色画用紙や色紙で飾ったり、描いたりしてできあがり！

お話し絵本カード

LV. ★★★★

人形を作り、お話を考えて絵本に。リボンに
貼った人形を動かしながら遊びましょう。

だいすきな
おじいちゃん
へ

開くと…

作り方

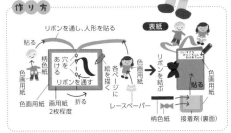

リボンを通し、人形を貼る
貼る
柄色紙
色画用紙
色画用紙
穴をあける
リボンを通す
折る
各ページに絵を描く
色画用紙
色画用紙
画用紙2枚程度
レースペーパー

表紙
リボンを結ぶ
貼る
色画用紙
柄色紙
接着剤（裏面）

レターラック・ホルダー

バス型レターラック

LV. ★★★★☆

色画用紙をポケットにしたバスに、好きな
動物を描いて乗せましょう。

ゆらゆら
クリップ
ホルダー

LV. ★★★☆☆

色画用紙のモチーフが
付いた、かわいいクリッ
プです。

作り方 保育者の準備

後ろへ折って
（補強、
モールを通す
折り筋を
付けておく のり
（子ども）

作り方

色画用紙　　　　　色画用紙
クリップ　　　　裏からセロハン
　　　　　　　テープで貼る
結束バンドを通す

おうちの
レターラック

LV. ★★★★☆

空き箱の一部を切り取っ
て、おうちに変身！　色画
用紙を折って貼って、おう
ちの階段に。

作り方

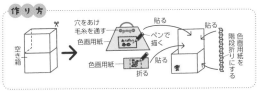

空き箱　　穴をあけ　　　貼る　　貼る
毛糸を通す
色画用紙　　ペンで　　　　色画用紙を
　　　　　描く　　　　　階段折りにする
色画用紙　　貼る
　　　　折る

クリップで
変身ホルダー

LV. ★★★★☆

好きなモチーフを作って、ゼム
クリップを挟めばできあがり！

ありがとう

しおり

キノコの しおり
LV. ★★★☆☆

マグネットで挟むタイプ
なので、本から落ちる心
配もなく便利です。

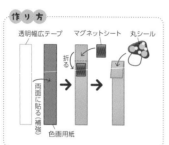

作り方

透明幅広テープ　　マグネットシート　　丸シール

折る

両面に貼る（補強）　　色画用紙

クリップのしおり
LV. ★★★☆☆

色画用紙で作った物を大きめのク
リップに貼るとかわいいですね。

スタンピング しおり
LV. ★☆☆☆☆

台紙にオクラの切り口や丸
めた段ボール板をスタンプ
にして、しおりに。

アニマル しおり
LV. ★★★★☆

クリアファイルの色に合
わせて様々な動物に！

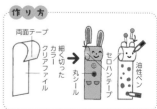

作り方

両面テープ

細く切ったカラークリアファイル

丸シール

セロハンテープ

油性ペン

マグネット

裏側や
紙粘土の中に
磁石を
付けよう！

紙粘土
マグネット

LV. ★☆☆☆☆

紙粘土にボタンなどで飾り
付けたり、シリコンカップに
入れたり、作るのが楽しい！

スプーン
マグネット

LV. ★★☆☆☆

木のスプーンに色画用紙で作った
動物を貼り付けます。

製作のポイント

紙粘土の感触

　2・3歳児は紙粘土のもち
もち・ふわふわとした感触
を楽しみながら、異素材と
組み合わせたり、4・5歳
児は様々な形を作ったりし
て楽しみましょう。

カタツムリ
マグネット

LV. ★★★★☆

カラークリアファイルを丸め
て、ちょこんとかわいいカタ
ツムリに。

セロハン
テープで貼る

丸めて留めたものを
セロハンテープで貼る

油性ペン

折る

磁石　ボトル
　　　キャップ

丸シール

長さの違う帯状の
カラークリアファイル（3枚）

ぐるぐる
マグネット

LV. ★★★★☆

丸く切った厚紙に木工用接着剤を塗って片段
ボールで囲み、帯状の色画用紙を巻いたり階段
折りにしたりしてはめ込みます。

裏側

裏に磁石を
貼り付ける

147

キーホルダー

木製クリップの人形キーホルダー
LV. ★★★☆☆

木製クリップと布の組み合わせで、温かみを感じられます。

キラキラストラップ
LV. ★★★☆☆

ゴージャスなストローは、キラキラテープを貼ってから切るのがポイント!

動物とビーズのストラップ
LV. ★★★☆☆

動物部分をラミネート加工しているので丈夫で長持ちします。

フェルトのストラップ
LV. ★★★★☆

ピンキングばさみで切ったフェルトがかわいらしさを引き立てます。

作り方

キーホルダーパーツ
リリアンの糸
油性ペン
結ぶ
布(水で薄めた木工用接着剤を塗り、乾いてからはさみで切ったもの)
木工用接着剤で貼る
木製クリップ

作り方

フェルトのストラップ

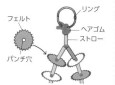

フェルト
リング
ヘアゴム
ストロー
パンチ穴

キラキラストラップ

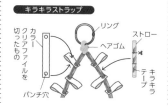

カラークリアファイルを切ったもの
リング
ヘアゴム
ストロー
キラキラテープ
パンチ穴

動物とビーズのストラップ

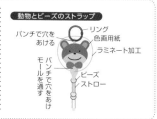

パンチで穴をあける
リング
色画用紙
ラミネート加工
パンチで穴をあけモールを通す
ビーズ
ストロー

お守り

カードを入れよう！

ドリームキャッチャー風お守り

LV. ★★★★☆

段ボール板に毛糸をくるくる巻いて作る、掛けるタイプの手作りお守り。

だいすき

カード付きお守り

LV. ★★★★☆

フェルトで作ったお守りに手書きのカードを入れてプレゼント！

作り方

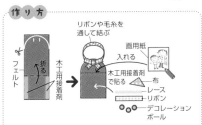

リボンや毛糸を通して結ぶ

画用紙入れる

木工用接着剤で貼る

フェルト
折る
木工用接着剤
布
レース
リボン
デコレーションボール

作り方

段ボール板（周りに切り込みを入れる）

毛糸を自由に巻く

裏からセロハンテープで貼る

だいすき

フェルト
ボタン
木工用接着剤で貼る
リボン

におい袋のお守り

LV. ★★★☆☆

にじみ絵の技法を生かしたにおい袋。中にポプリを入れましょう。

作り方

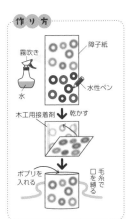

霧吹き
障子紙
水性ペン
水
木工用接着剤
乾かす
ポプリを入れる
毛糸で口を縛る

お守りって？

一般的に神社や寺院で販売されている護符やお札が入っている小さい袋型の縁起物で、神様の力が宿っているとされているものです。お守りの上部がひもで結ばれているのは、その力を閉じ込めるという意味もあるようです。

いろいろホルダー

壁掛け
ホルダー

LV. ★★★☆

ペンや定規、付箋（ふせん）などをたくさん
収納できて、使いやすい！

作り方

- 付箋
- モール
- 丸シール
- 穴をあける
- カラーゴム　裏で結ぶ
- 片段ボール
- 両面テープで貼る
- 紙パック（縦に切り、口を閉じる）
- トンネル状にする
- 段ボール板
- マスキングテープ
- 色画用紙

製作のポイント！

入れたい物を
考えて

箱や片段ボールのトンネル、カラーゴムなどを組み合わせて、工夫して作りましょう。

- 付箋を貼っておく
- カラーゴムに定規を挟む
- メモ用紙を挟む
- 小物入れとして！
- トンネルにペンを立てる

小枝のカギ掛け

LV. ★★★☆

小枝に粘土を丸めて付けるだけ
でかわいく変身！　プラカップ
の中のクマがオシャレ。

作り方

- 紙粘土
- プラカップ
- 色画用紙で作る
- 木の枝
- 木工用接着剤で貼る
- 円柱の色画用紙
- 差し込む
- 木工用接着剤で貼る
- 絵の具で色を付けた紙粘土
- 木の実
- 紙粘土

箱に詰めてプレゼント！

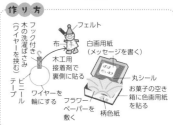

小人さんの
ネクタイ掛け

LV. ★★★☆

かわいい小人さんが、まるで
お仕事を応援しているみたい！

作り方

- フェルト
- フック付き木の洗濯ばさみ（ワイヤーを挟む）
- 布
- 白画用紙（メッセージを書く）
- 木工用接着剤で裏側に貼る
- ビニールテープ
- 丸シール
- ワイヤーを輪にする
- フラワーペーパーを敷く
- お菓子の空き箱に色画用紙を貼る
- 柄色紙

おもちゃ

ファミリー指人形

LV. ★★★★★

色画用紙で、顔と胴体（円柱）を作り、貼り合わせます。指にはめてお話しましょう！

作り方

- 切り口をマスキングテープで保護
- モール
- ねじる
- 上部を切ったペットボトル
- もんだオーロラシート

つむつむゲーム

LV. ★★★★☆

円柱形のパーツを積んで遊びます。いろいろな積み方を試してみましょう。

作り方

ペーパー芯 → （柄）色紙（裏面） → 巻く のり
端を中に折り込む
1個のみ
フラワーペーパー → 内側から貼る

かわいくラッピングしてプレゼント！

ピラミッド積み　縦積み

紙コップのけん玉

LV. ★★★☆☆

身近な素材でできるかわいいけん玉です。

作り方

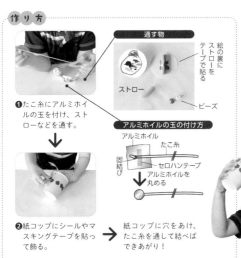

通す物
- 絵の裏にストローをテープで貼る
- ストロー
- ビーズ

❶たこ糸にアルミホイルの玉を付け、ストローなどを通す。

アルミホイルの玉の付け方
- アルミホイル
- たこ糸
- 固結び
- セロハンテープ
- アルミホイルを丸める

❷紙コップにシールやマスキングテープを貼って飾る。

→ 紙コップに穴をあけ、たこ糸を通して結べばできあがり！

よーし！がんばるぞ！

卒園・お別れ会

毎日通った園を卒園する日がきました。就学する小学校が違って寂しいと思う子もいれば、入学後に新しい友達と勉強をしたり遊んだりすることを、楽しみにしている子もいます。いろいろな子どもの思いに寄り添い、園生活を締めくくりましょう。子どもたちの思いを形にした作品を式の場や保育室に飾れるといいですね。

卒園プレゼント

【 在園児から 卒園児に 】

遊んでもらったりお世話してもらったりしたお礼の気持ちを込めて贈ります。立派なものでなくても、心を込めて作ることが大切です。

【 保育者から 卒園児に 】

卒園式の当日に付けるコサージュやメダル、カードにメッセージを書いて贈りましょう。卒園児一人ひとりに思いをこめた言葉を掛けながら胸に付けたり、手渡したりできるといいですね。

【 卒園児の 思い出に 】

卒園記念に個々の作品を作ることもいいですが、大きな紙にテーマを決めてみんなで共同画を描いて式の会場に飾ったり、園舎の壁に絵を描いて記念撮影をしたりするのはどうでしょうか。友達とのつながりを感じながら協力し合って描きましょう。

→ プレゼントはP.138〜の「ファミリーディ」も参考にしてください

プレゼント

ペンダント

フラワー ペンダント

LV. ★★★★

画用紙で作った花びらの
立体感が、本物のお花ら
しさを表現。

作り方

重ねて貼る

フラワー
ペーパー

ボトルキャップ

厚紙

お花ペンダント

LV. ★★☆☆

紙テープの花びらの中のデコレーショ
ンボールがアクセントに!

作り方

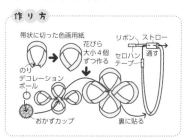

帯状に切った色画用紙

花びら
大小4個
ずつ作る

のり

デコレーション
ボール

おかずカップ

リボン　ストロー

セロハン
テープ

通す

細く

太く

裏に貼る

リボン形の キラキラペンダント

LV. ★★★★

中心の紙皿のお花が目を引き
ます。子どもたちが着けると、グッ
と華やかに♪

作り方

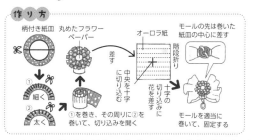

柄付き紙皿　丸めたフラワー
ペーパー

① を巻き、その周りに② を
巻いて、切り込みを開く

差す

中央を十字
に切り込む

オーロラ紙

差す

階段折り

十字の
切り込みに
花を差す

モールの先は巻いた
紙皿の中心に差す

モールを適当に
巻いて、固定する

※リボンの付け方は「お花ペンダント」のように。配慮のポイントは P.122 へ。

153

時間割表

気球風 時間割表

LV. ★★★☆☆

柄の入った紙皿と片段ボールを組み合わせて、気球形に!

自由自在な 時間割表

LV. ★★★★★

缶の蓋とマグネットを使って好きな所にペタッ! ペン入れやメモなども貼り付けられます。

作り方

マスキングテープ
マグネットシート
色画用紙
時間割表
リボン（裏から布テープで貼る）
裏にマグネットを貼る
厚紙
小箱（上の面を切り取る）
柄色紙
マグネットシート（裏面）
小箱（好きな形に切る）
丸シールやマスキングテープを貼る
色画用紙
貼る
マグネット 丸シール
缶の蓋
裏面や側面にマグネットシートを貼る
色紙
色画用紙
裏に貼る
透明色紙（階段折り）
色紙
色画用紙
裏に貼る

作り方

切り込みを入れて開く
柄付き紙皿
柄色紙
リボンを通して結ぶ
穴をあけてモールを通す（片段ボールも同様に）
三角柱にした画用紙
片段ボール
時間割表

\援助のポイント/
磁石のおもしろさ

磁石が付く物と、付かない物があるということに気付けるような、ことばがけをしましょう。磁石やマグネットシートが保育室のどこにくっ付くかを試してから製作に入るのもいいでしょう。科学の芽が育つきっかけになるかもしれませんね。

ゆらゆら 時間割表

LV. ★★★★☆

棒状にした片段ボールに麻ひもで
クリップをつるすだけ!

スタンド型 時間割表

LV. ★★★★☆

持ち物を書いたストロー
を段ボール板の断面に
差して使います。

ひもを引っ張ると
お日さまが
動くよ♪

作り方

ペーパー芯+
柄色紙(2本)

段ボール板

差す

貼り
合わせる

エプロン

挟む

細い
ストロー

段ボール板

山折り

ボトル
キャップ
(1~2個)

色画用紙や
柄色紙

時間割表

表紙を
めくると…

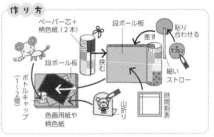

フォトフレーム
にも!

作り方

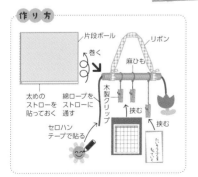

片段ボール

巻く

リボン

麻ひも

太めの
ストローを
貼っておく

綿ロープを
ストローに
通す

木製クリップ

挟む

挟む

セロハン
テープで貼る

フレーム型 時間割表

LV. ★★★★☆

かわいい表紙をめくると、
フレームに入った時間割表
が! 折り畳めるのでコン
パクトにプレゼント。

作り方

厚紙　切り抜く

山折り

山折り
谷折り
山折り

のりしろ

背で折り筋を付ける

カッターナイフの

マスキングテープを挟ん
で貼る(裏で透明テープ
を重ねて貼り、補強)

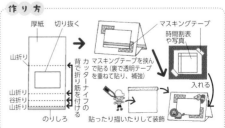

マスキングテープ

時間割表
や写真

入れる

貼ったり描いたりして装飾

保育者から贈る
コサージュ

■ おしゃれ花 コサージュ

フェルトや布で作ると優しい雰囲気に♪
おしゃれでかわいいですね。

■ フラワー コサージュ

クレープ紙の質感が本物の
花のようですね。

作り方

ティッシュペーパーを
クレープ紙で包む

2色分巻
いて形を
整える

クレープ紙

巻く

もんだ色画用紙

安全ピン

リボン

マスキング
テープ

折って
開く

折り筋

ワイヤー

作り方

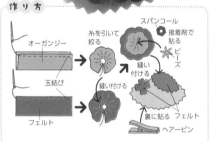

オーガンジー

糸を引いて
絞る

スパンコール
接着剤で
貼る

ビーズ

玉結び

縫い
付ける

縫い付ける

フェルト

裏に貼る フェルト

ヘアーピン

■ 麻ひものリース コサージュ

麻ひもがナチュラルな雰囲気を演
出。パンチで抜いた色画用紙を貼
るので簡単に作れます。

作り方

安全ピン

麻ひも

木工用
接着剤で貼る

マスキング
テープ
を巻く

リボン結び
をして安全ピン
を通す

先をカール
させる

クラフトパンチで
抜いた色画用紙

クローバー コサージュ

ハート型のフェルトを組み合わせて、できあがり。デコレーションボールのテントウムシがポイント!

作り方

フェルト　マニュキュアで描く　フェルト　安全ピン　モール　厚紙（裏）　油性ペン　デコレーションボール　ひも　木工用接着剤を使用する

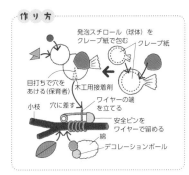

小鳥の コサージュ

小枝にちょこんとのった小鳥がキュート! ユニークでかわいいコサージュです。

作り方

発泡スチロール（球体）をクレープ紙で包む　クレープ紙　目打ちで穴をあける(保育者)　木工用接着剤　小枝　穴に差す　ワイヤーの端を立てる　安全ピンをワイヤーで留める　綿　デコレーションボール

チュール布 コサージュ

花形に切った布とチュールを重ねた花は透け感があって、優しい印象に♪

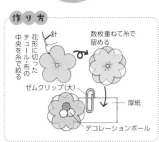

作り方

針　花形に切ったチュール・布の中央を糸で絞る　数枚重ねて糸で留める　ゼムクリップ（大）　厚紙　デコレーションボール

157

思い出製作

一年の思い出表紙

一年間の絵画などの作品を束ねて、表紙を飾って持ち帰りましょう。

\製作のポイント/

経験したことを生かして

今まで経験してきた技法を使ったり、思い出に残っている行事を描いたりして、年齢に合わせた製作を楽しみましょう。

切り紙で飾ろう

LV. ★★★☆

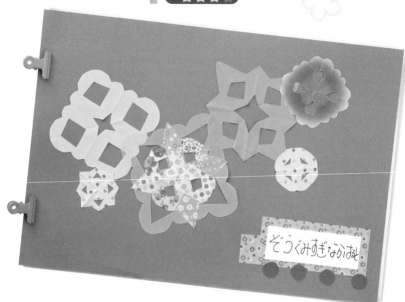

ぞうぐみすぎなかはと

絵を描いて飾ろう

LV. ★☆☆☆☆

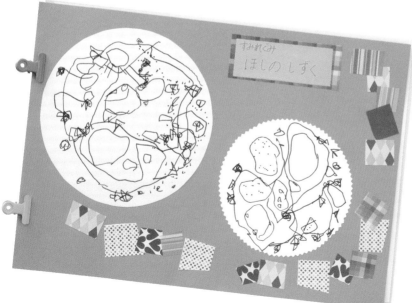

すみれぐみ
ほしの しずく

\援助のポイント/

思い出を振り返って

子どもたちと今までの作品を見返しながら、思い出に残っている話をしましょう。子どもたちの経験や成長を大切にしたいですね。

卒園記念

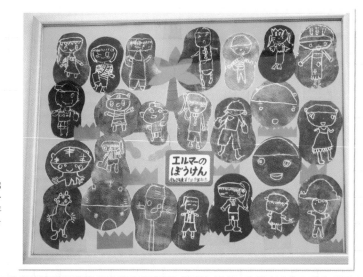

大好きなお話を版画で!

クラスで楽しんだ劇など、思い出に残っているお話をもとにスチレン版画をし、額縁に飾ります。年下の子どもたちも卒園児に憧れを抱くことでしょう。

大きなパネルに描いて

パネルを組み合わせて大きな壁画に。卒園児たちの共同製作で園庭の壁に飾り、卒園児や保護者、地域の人などみんなに見てもらえる記念の作品に!

アクリル絵の具

水彩絵の具と同じような感覚で、水に溶いて描く耐水性のある絵の具です。加える水の量を調整することで、透明水彩風にも不透明な感じにも仕上げられるのが特徴です。

使った筆はすぐに洗いましょう

窓や壁にアートに飾って

絵の具で窓に絵を描いたり手型を押したり、色画用紙で作った虫を一緒に飾ったり! 楽しい思い出にしましょう。

※上記写真は閉園や建て替えの際の取り組みで、アクリル絵の具を使用しています。

著者・製作

内本 久美（うちもと くみ）
大阪教育大学　教育学部卒業
四天王寺大学短期大学部
保育科　専任講師

大島 典子（おおしま のりこ）
大阪教育大学　教育学部卒業
畿央大学　教育学部　非常勤講師

花岡 千晶（はなおか ちあき）
大阪大谷大学　幼児教育学科卒業
大阪国際大学短期大学部
幼児保育学科　非常勤講師

STAFF

本文デザイン	伊地知明子
本文イラスト	ホリナルミ、中小路ムツヨ
製作（作り方イラスト含む）	降矢和子、とりうみゆき、あきやまりか、イケダヒロコ、みさきゆい、むかいえり、イシグロフミカ、くるみれな
作り方イラスト	マサキデザイン事務所、降矢和子、藤江真紀子、Meriko
写真撮影	佐久間秀樹、山田博三、編集部
協力	四天王寺大学
参加協力園	羽曳野市立幼稚園、西本願寺保育園、社会福祉法人 敬福会 毛馬コティ保育園
編集協力	中西美里
由来等校閲・校正	堀田浩之（甲子園短期大学）
企画・編集	松尾実可子・北山文雄

※本書は、『月刊保育とカリキュラム』2012〜2022年度に掲載された記事から抜粋し、加筆・編集したものです。

参考文献：『子どもに伝えたい年中行事・記念日』（編：萌文書林編集部／萌文書林）
　　　　　『暮らしのならわし12か月』（文：白井明大　絵：有賀一宏／飛鳥新社）
　　　　　『和の暮らし大事典』（監修：新谷尚紀／学研プラス）
　　　　　『子どもと楽しむ行事とあそびのえほん』（著：すとうあさえ　絵：さいとうしのぶ／のら書店）
　　　　　『大切にしたい、にっぽんの暮らし。』（著：さとうひろみ／サンクチュアリ出版）
　　　　　『絵で楽しむ 日本人として知っておきたい 二十四節気と七十二候』（文：水野久美　絵：森松輝夫／KADOKAWA）
　　　　　『はじめての行事えほん』（監修：小川直之　絵：竹永絵里／パイインターナショナル）
　　　　　『年中行事なるほどBOOK』（共著：高橋司・塩野マリ／ひかりのくに）
　　　　　『年中行事のことばがけ・スピーチ』（編著：阿部恵／ひかりのくに）
　　　　　『アイデアたっぷり年中行事』（著：すとうあさえ／ひかりのくに）

行事の製作 ぜんぶおまかせ!

2023年2月　初版発行
2024年1月　第2版発行

著　者　内本 久美、大島 典子、花岡 千晶
発行人　岡本 功
発行所　ひかりのくに株式会社
　　　　〒543-0001 大阪市天王寺区上本町3-2-14
　　　　郵便振替 00920-2-118855　TEL.06-6768-1155
　　　　〒175-0082 東京都板橋区高島平6-1-1
　　　　郵便振替 00150-0-30666　TEL.03-3979-3112
　　　　ホームページアドレス　https://www.hikarinokuni.co.jp

印 刷 所　大日本印刷株式会社

©Kumi Uchimoto,Noriko Oshima,
Chiaki Hanaoka 2023
乱丁、落丁はお取り替えいたします。

Printed in Japan
ISBN 978-4-564-60959-6
NDC376　160p　21×19cm